AMOR
QUE SALVA

Editora Appris Ltda.
1.ª Edição - Copyright© 2022 do autor
Direitos de Edição Reservados à Editora Appris Ltda.

Nenhuma parte desta obra poderá ser utilizada indevidamente, sem estar de acordo com a Lei nº 9.610/98. Se incorreções forem encontradas, serão de exclusiva responsabilidade de seus organizadores. Foi realizado o Depósito Legal na Fundação Biblioteca Nacional, de acordo com as Leis n.os 10.994, de 14/12/2004, e 12.192, de 14/01/2010.

Catalogação na Fonte
Elaborado por: Josefina A. S. Guedes
Bibliotecária CRB 9/870

S586a
2022
	Silva, André Rodrigues da
	   Amor que salva / André Rodrigues da Silva.
	- 1. ed. - Curitiba : Appris, 2022.
	   105 p. ; 21 cm.
	
	   Inclui bibliografia.
	   ISBN 978-65-250-2318-2
	
	   1. Bíblia. 2. Cristianismo. 3. Religião. I. Título. II. Série.
	
	                                                       CDD – 220

Editora e Livraria Appris Ltda.
Av. Manoel Ribas, 2265 – Mercês
Curitiba/PR – CEP: 80810-002
Tel. (41) 3156 - 4731
www.editoraappris.com.br

Printed in Brazil
Impresso no Brasil

André Rodrigues da Silva

AMOR
QUE SALVA

Appris editora

FICHA TÉCNICA

EDITORIAL	Augusto V. de A. Coelho
	Marli Caetano
	Sara C. de Andrade Coelho
COMITÊ EDITORIAL	Andréa Barbosa Gouveia (UFPR)
	Jacques de Lima Ferreira (UP)
	Marilda Aparecida Behrens (PUCPR)
	Ana El Achkar (UNIVERSO/RJ)
	Conrado Moreira Mendes (PUC-MG)
	Eliete Correia dos Santos (UEPB)
	Fabiano Santos (UERJ/IESP)
	Francinete Fernandes de Sousa (UEPB)
	Francisco Carlos Duarte (PUCPR)
	Francisco de Assis (Fiam-Faam, SP, Brasil)
	Juliana Reichert Assunção Tonelli (UEL)
	Maria Aparecida Barbosa (USP)
	Maria Helena Zamora (PUC-Rio)
	Maria Margarida de Andrade (Umack)
	Roque Ismael da Costa Güllich (UFFS)
	Toni Reis (UFPR)
	Valdomiro de Oliveira (UFPR)
	Valério Brusamolin (IFPR)
ASSESSORIA EDITORIAL	Lucas Casarini
REVISÃO	Camila Moreira dos Santos
DIAGRAMAÇÃO	Bruno Ferreira Nascimento
CAPA	Sheila Alves
COMUNICAÇÃO	Carlos Eduardo Pereira
	Karla Pipolo Olegário
LIVRARIAS E EVENTOS	Estevão Misael
GERÊNCIA DE FINANÇAS	Selma Maria Fernandes do Valle

Ao meu amigo e Senhor Jesus Cristo; ao meu fiel companheiro e conselheiro Espírito Santo; Honra, Glória, Majestade e Louvor sejam dados sempre e somente a Deus.

"A YESHUA, O SENHOR DAS NOSSAS VIDAS!"

PALAVRAS DO AUTOR

De maneira simples e com um cuidado especial, neste livro, procuro comunicar e explicar de forma bem peculiar coisas profundas e complexas referentes ao Reino de Deus, com o compromisso e ardente desejo de continuar a viver de acordo com os ideais e os ensinamentos deixados por Jesus Cristo.

Amor que salva é uma releitura de várias passagens contidas na Bíblia Sagrada (versão Nova Tradução na Linguagem de Hoje — NTLH), que são marcantes e que servem de exemplo e alento à nossa vida, principalmente em tempos difíceis como os que estamos vivendo.

São palavras de fé e encorajamento para viver seu dia a dia.

Pois toda a Escritura Sagrada é inspirada por Deus e é útil para ensinar a verdade, condenar o erro, corrigir as faltas e ensinar a maneira certa de viver

(2 Timóteo 3:16)

APRESENTAÇÃO

É com prazer e grande alegria que, após ter lido os originais, apresento esta obra maravilhosa, *Amor que Salva*, do meu querido companheiro de trabalho, irmão e Pr. André R. da Silva, a qual com certeza vai ser uma ferramenta poderosa de evangelismo e vai produzir vida e fé ou fé e vida a todos que dela desfrutarem.

"O fruto do justo é árvore de vida, e o que ganha almas é sábio"
(PROVÉRBIOS 11:30)

Pr.ª Ana da Luz

PREFÁCIO

Neste livro, o nosso irmão na fé cristã, escritor André Rodrigues da Silva, apresenta um conteúdo ímpar para aqueles que recebem Cristo como salvador, uma segunda chance para aqueles que estão afastados dos caminhos do Senhor e para aqueles que perseveram na fé.

Aqui, encontramos um trabalho de fortalecimento e motivação espiritual no autor da vida. Um conjunto de princípios para agregar valores e conhecimento do reino.

Nesses dias difíceis, encontramos nas páginas deste livro palavras para despertar a nossa fé e colocá-la em ação, são palavras de coragem para atravessar o deserto, palavras de ânimo em meio ao luto, palavras de perdão para aqueles que estão no cárcere espiritual e nas prisões da vida.

Que este livro seja um bálsamo para cada leitor.

Pastor Antônio Alessandro de Oliveira Batista

SUMÁRIO

VENCENDO AS TENTAÇÕES E VIVENDO EM OBEDIÊNCIA AO SENHOR 15

QUEM SOMOS QUANDO ESTAMOS A SÓS?..18

O QUE VOCÊ TEM VISTO E OUVIDO NO CÍRCULO MAIS ÍNTIMO DE SUAS RELAÇÕES?...22

COMO ESTÁ A SUA VIDA AGORA?...25

COMUNICAÇÃO X VALORES..26

NOVO NASCIMENTO..28

AONDE VOCÊ QUER CHEGAR?...30

DEUS É A NECESSIDADE SUPREMA DE NOSSA ALMA..........................31

REMOVENDO OS OBSTÁCULOS DA FÉ..34

EXISTE PROBLEMA PERMANENTE?...36

ATITUDES QUE MUDAM CIRCUNSTÂNCIAS......................................39

SEGUINDO JESUS NO CAMINHO..43

QUEM É JESUS PARA VOCÊ?..45

GRATIDÃO..51

QUEM É O SEU DEUS?...56

ESPERANÇA VIVA..59

FAÇA O CERTO DA FORMA CERTA, COM A MOTIVAÇÃO CORRETA.................66

SER CRISTÃO É VIVER COM ATITUDE E FÉ.......................................70

O ENCONTRO QUE PODE MUDAR SUA VIDA....................................78

COMPAIXÃO PELOS QUE SOFREM..80

DA MORTE PARA VIDA..86

NA MEMÓRIA DE DEUS 91
FÉ E ESPERANÇA..95
O AMOR É O MELHOR CAMINHO...97
O AMOR PERFEITO QUE VEM DE DEUS..102

VENCENDO AS TENTAÇÕES E VIVENDO EM OBEDIÊNCIA AO SENHOR

Em todas as fases de nossa vida, temos dificuldades e desafios a enfrentar, apesar disso, sonhamos trabalhar, sermos prósperos, independentes, sábios e fortes. Porém, grande parte de nosso sofrimento provém da falsa orientação que recebemos. E logo vem à memória a seguinte pergunta:

— Qual a melhor fase para se viver?

A resposta é hoje, é agora. Pois todas as idades serão atraentes, se bem vividas. Não teremos proveito no saudosismo doentio olhando para trás, tampouco preocupados e ansiosos com o dia de amanhã.

O que devemos sim é saborear intensamente o dia de hoje, buscando viver tudo aquilo que Deus espera de cada um de nós, com uma verdadeira conduta Cristã.

E que sejamos o sal e a luz da vida de outras pessoas, que possamos dar sabor a vida das pessoas e luz para aqueles que estão em trevas.

Portanto, prestem atenção na sua maneira de viver. Não vivam como os ignorantes, mas como os sábios. Os dias em que vivemos são maus. Por isso, aproveitem bem todas as oportunidades que vocês têm. Não ajam como pessoas sem juízo, mas procurem entender o que o Senhor quer que vocês façam (EFÉSIOS 5:15-17).

E nessa jornada chamada vida que empreendemos desde o ventre materno, devemos nos julgar vitoriosos diante de tamanhas circunstâncias enfrentadas, porém a maior batalha travada é contra nós mesmos. Diariamente necessitamos vencer o nosso corpo e aos desejos pecaminosos que de perto nos assediam. Essa batalha começa a ser travada ante aos maus pensamentos que intentam manchar nossa alma. Desse modo, precisamos vigiar nossos pensamentos, fugindo das tentações, resistindo ao diabo.

Como disse Martinho Lutero: "Não podemos impedir que os pássaros voem sobre as nossas cabeças, mas podemos impedir que eles façam ninhos sobre elas. Assim também não podemos nos livrar de sermos tentados, mas podemos lutar para não cairmos em tentações".

Precisamos ter a mente de Cristo.

As tentações que vocês têm de enfrentar são as mesmas que outros enfrentam; mas Deus cumpre a sua promessa e não deixará que vocês sofram tentações que vocês não têm forças para suportar. Quando uma tentação vier, Deus dará forças a vocês para suportá-la, e assim vocês poderão sair dela (1 CORÍNTIOS 10:13).

A maldade da raça humana desde o princípio entristeceu o coração de Deus logo ele se arrependeu de ter feito o homem.

Quando o SENHOR viu que as pessoas eram muito más e que sempre estavam pensando em fazer coisas erradas, ficou muito triste por haver feito os seres humanos. O SENHOR ficou tão triste e com o coração tão pesado, que disse:

— Vou fazer desaparecer da terra essa gente, que criei, e também todos os animais, os seres que se arrastam pelo chão e as aves, pois estou muito triste porque os criei. Mas o SENHOR Deus aprovava o que Noé fazia (GÊNESIS 6:5-8).

Aqui o Senhor faz uma constatação e toma uma decisão, porém demonstra seu apresso por um homem chamado Noé, que era direito e sempre obedecia a Deus.

Para Deus todas as outras pessoas eram más. Porém a Noé incumbiu de tão grande e nobre tarefa, construir a arca que salvaria a sua família e os animais. Logo, as orientações, medidas e ordenanças, foram estipuladas e começaram os trabalhos.

Noé fez tudo conforme o Senhor Deus havia mandado. Assim como Noé, em grande parte do tempo, estaremos na contramão do mundo, todavia nós devemos nos importar primeiramente em viver em estrita comunhão com Deus, mesmo que o mundo nos desaprove.

É na solidão do nosso quarto com o sincero propósito em nosso coração de vencer o mal e as artimanhas do maligno que por meio da oração temos livre acesso ao trono da Graça, conquistado por meio da morte sacrifical de Jesus Cristo na cruz.

Precisamos em todo tempo pensar em Deus e diariamente ler e estudar as escrituras sagradas, meditando nelas de dia e de noite, para que tudo nos vá bem. Pois sempre que nos aproximamos de Deus em espírito e em verdade podemos ter a certeza de que uma mudança significativa acontecerá e, se não visível, no mundo espiritual. Sem nos esquecermos de ouvir a doce e suave voz do Espírito Santo, seguindo obedientes em todo o caminho ou ordenança por ele indicado.

Ó Deus, cria em mim um coração puro e dá-me uma vontade nova e firme! Não me expulses da tua presença, nem tires de mim o teu santo Espírito. Dá-me novamente a alegria da tua salvação e conserva em mim o desejo de ser obediente (SALMO 51: 10-12).

QUEM SOMOS QUANDO ESTAMOS A SÓS?

Precisamos dominar a nossa mente, desviando-nos dos maus caminhos, não nos detendo ou divagando em pensamentos impuros.

Grande parte das decisões que tomamos acontece em momentos em que estamos a sós, e isso pode gerar desgraça ou felicidade eterna, pois o Diabo usa dessas ocasiões para nos sugerir muitos pensamentos malignos e nefastos, que, se praticados, levam-nos à perdição e a sermos subjugados por ele. São nessas circunstâncias que se originam as maiores derrotas, manchando o caráter e a reputação de muitos.

A história está cheia de maus exemplos que nos servem como advertência. O Rei Davi foi um dos que passaram por esta desagradável experiência (2 Samuel 11 e 12), e isto lhe custou muito caro, pois transgrediu ali dois mandamentos importantes: "Não mate e Não cometa adultério." Logo, as consequências foram desastrosas.

A seguir, os textos de 2 Samuel 12:7-14 e Lucas 11:24-26 e logo depois um texto de um autor desconhecido, para reflexão:

Então, Natã disse a Davi:

— Esse homem é você. E é isso o que diz o SENHOR, o Deus de Israel: eu tornei você rei de Israel e o salvei de Saul. Eu lhe dei o reino e as mulheres dele; tornei você rei de Israel e de Judá. E, se isso não bastasse, eu lhe teria dado duas vezes mais.

Por que é que você desobedeceu aos meus mandamentos e fez essa coisa tão horrível? Você fez com que Urias fosse morto na batalha; deixou que os amonitas o matassem e então ficou com a esposa dele!

Portanto, porque você me desobedeceu e tomou a mulher de Urias, sempre alguns dos seus descendentes morrerão de morte violenta.

E também afirmo que farei uma pessoa da sua própria família causar a sua desgraça. Você verá isso quando eu tirar as suas esposas e as der a outro homem; e ele terá relações com elas em plena luz do dia.

Você pecou escondido, em segredo, mas eu farei com que isso aconteça em plena luz do dia, para todo o povo de Israel ver.

Então, Davi disse:

— Eu pequei contra Deus, o SENHOR.

Natã respondeu:

— O SENHOR perdoou o seu pecado, você não morrerá.

Mas porque, fazendo isso, você mostrou tanto desprezo pelo SENHOR, o seu filho morrerá (2 SAMUEL 12:7-14).

O pecado em si não tem tamanho, pois traz a mesma natureza que gera morte. Nossos atos sejam privados ou públicos são os materiais que farão parte da construção do nosso caráter.

E nós, como temos nos portado quando estamos sozinhos? Não nos esqueçamos de que Deus nos observa o tempo todo.

Apeguemo-nos, porém nas elevadas normas de moral e justiça ensinadas na Bíblia, onde somos orientados a remir nosso tempo, ocupando-o com coisas edificantes, puras e úteis. Não dando mais vazão aqueles antigos parasitas mentais que nos aprisionavam.

Quem está unido com Cristo é uma nova pessoa; acabou-se o que era velho, e já chegou o que é novo (2 CORÍNTIOS 5:17).

Jesus continuou:

— Quando um espírito mau sai de alguém, anda por lugares sem água, procurando onde descansar, mas não encontra. Então, diz: "Vou voltar para a minha casa, de onde saí". Aí volta e encontra a casa varrida e arrumada. Depois sai e vai buscar outros sete espíritos piores ainda, e todos ficam morando ali. Assim a situação daquela pessoa fica pior do que antes (LUCAS 11:24-26).

A seguir, é transcrito uma história, de autoria desconhecida, para reflexão e aplicação dos ensinamentos em nossas vidas:

O velhote já tinha todas as rugas do tempo, quando o encontrei pela primeira vez. Queixava-se de que tinha muito a fazer.

Contra quem lutamos? Perguntei-lhe como era possível, que em sua solidão, tivesse tanto trabalho.

— Tenho que domar dois falcões, treinar duas águias, manter quietos dois coelhos, vigiar uma serpente, carregar um asno e dominar um leão! Disse ele.

— Não vejo nenhum animal perto do local onde vives.

— Onde eles estão?

Ele então explicou:

— Estes animais, todos os Homens têm!

Os dois *falcões* lançam-se sobre tudo o que aparece, seja bom ou mau. Tenho que domá-los para que se fixem sobre uma boa presa. *São os meus olhos!*

As duas *águias*, ferem e destroçam com suas garras. Tenho que treiná-las para que sejam úteis e ajudem sem ferir. *São as minhas mãos!*

Os dois *coelhos*, querem ir aonde lhes agrada. Fugindo dos demais e esquivando-se das dificuldades. Tenho que ensinar-lhes a ficarem quietos, mesmo que seja penoso, seja problemático ou desagradável. *São os meus pés!*

O mais difícil é vigiar a *serpente*. Apesar de estar presa numa jaula de 32 barras, mal se abre a jaula, está sempre pronta para morder e envenenar os que a rodeiam. Se não a vigio de perto, causa danos. *É a minha língua!*

O *burro* é muito obstinado, não quer cumprir com suas obrigações. Alega estar cansado e se recusa a transportar a carga de cada dia. *É o meu corpo!*

Finalmente, preciso dominar o *leão*. Ele quer ser sempre o rei, o mais importante. É vaidoso e orgulhoso. *É o meu coração!*

(TEXTO DE AUTOR DESCONHECIDO)

Devemos buscar em Deus o auxílio necessário para que sejamos livres das perturbações que possam vir a nos inquietar. Vencendo com Ele, todos os maus hábitos que intentam nos acorrentar.

É no momento que a luta espiritual nos afronta durante o dia que devemos estar firmados na rocha que é a palavra de Deus.

Quando sobrevier a tentação física e mental, é o momento de rememorarmos a palavra e as promessas do nosso Pai que estão retidas em nossa mente, assim vencer o dia mal e dominar as nossas más inclinações.

No que depender de vocês, façam todo o possível para viver em paz com todas as pessoas.

Meus queridos irmãos, nunca se vinguem de ninguém; pelo contrário, deixem que seja Deus quem dê o castigo. Pois as Escrituras Sagradas dizem: "Eu me vingarei, eu acertarei contas com eles, diz o Senhor".

Mas façam como dizem as Escrituras: "Se o seu inimigo estiver com fome, dê comida a ele; se estiver com sede, dê água. Porque assim você o fará queimar de remorso e vergonha".

Não deixem que o mal vença vocês, mas vençam o mal com o bem.

(ROMANOS 12: 18-21)

O QUE VOCÊ TEM VISTO E OUVIDO NO CÍRCULO MAIS ÍNTIMO DE SUAS RELAÇÕES?

Segundo estudos, você é a média das cinco pessoas com quem passa mais tempo. Devemos vigiar para não sermos influenciados por maus exemplos. O ambiente em que vivemos tem grande influência na formação do nosso caráter, no entanto, ainda que estejamos inseridos neste ambiente agressivo, devemos ser dirigidos e guiados pelo Espírito Santo de Deus.

Devemos agir como Daniel e seus três amigos no castelo de Nabucodonosor, Rei da Babilônia, relatados em Daniel 1:1-21, não nos deixando contaminar com as impurezas e iguarias que nos são oferecidas todos os dias:

No terceiro ano de Jeoaquim como rei de Judá, o rei Nabucodonosor, da Babilônia, atacou Jerusalém, e os seus soldados cercaram a cidade.

Deus deixou que Nabucodonosor conquistasse a cidade e também que pegasse alguns objetos de valor que estavam no Templo. Nabucodonosor levou esses objetos para a Babilônia e mandou colocá-los no templo do seu deus, na sala do tesouro.

O rei Nabucodonosor chamou Aspenaz, o chefe dos serviços do palácio, e mandou que escolhesse entre os prisioneiros israelitas alguns jovens da família do rei e também das famílias nobres. Todos eles deviam ter boa aparência e não ter nenhum defeito físico; deviam ser inteligentes, instruídos e ser capazes de servir no palácio. E precisariam aprender a língua e estudar os escritos dos babilônios.

O rei mandou também que os jovens israelitas recebessem todos os dias a mesma comida e o mesmo vinho que ele, o rei, comia e bebia. Depois de três anos de preparo, esses jovens deviam começar o seu serviço no palácio. Entre os que foram escolhidos estavam Daniel, Ananias, Misael e Azarias, todos da tribo de Judá. Aspenaz lhes deu outros nomes, isto é, Beltessazar, Sadraque, Mesaque e Abede-Nego.

Daniel resolveu que não iria ficar impuro por comer a comida e beber o vinho que o rei dava; por isso, foi pedir a Aspenaz que o ajudasse a cumprir o que havia resolvido.

Deus fez com que Aspenaz fosse bondoso com Daniel e tivesse boa vontade para com ele. Mas Aspenaz tinha medo do rei e, por isso, disse a Daniel:

— Foi o rei, o meu senhor, quem resolveu o que vocês devem comer e beber. Se ele notar que vocês estão menos fortes e sadios do que os outros jovens, ele será capaz de me matar, e vocês serão os culpados.

Aí Daniel foi falar com o guarda a quem Aspenaz havia encarregado de cuidar dele, de Ananias, de Misael e de Azarias. Daniel disse a ele: "Quero pedir que o senhor faça uma experiência com a gente. Durante dez dias, dê-nos somente legumes para comer e água para beber. No fim dos dez dias, faça uma comparação entre nós e os jovens que comem a comida do rei. Então, dependendo de como estivermos, o senhor fará com a gente o que quiser". O guarda concordou e durante dez dias fez a experiência com eles.

Passados os dez dias, os quatro jovens israelitas estavam mais sadios e mais fortes do que os jovens que comiam a comida do rei. Aí o guarda tirou a comida e o vinho que deviam ser servidos aos quatro jovens e só lhes dava legumes para comer. Deus deu aos quatro jovens um conhecimento profundo dos escritos e das ciências dos babilônios, mas a Daniel deu também o dom de explicar visões e sonhos.

No fim dos três anos de preparo que o rei Nabucodonosor tinha marcado, Aspenaz levou todos os jovens até a presença do rei. Este falou com eles, e entre todos não havia quem se comparasse com Daniel, Ananias, Misael e Azarias. Por isso, ficaram trabalhando no palácio.

Todas as vezes que o rei fazia perguntas a respeito de qualquer assunto que exigisse inteligência ou conhecimento, descobria que os quatro eram dez vezes mais inteligentes do que todos os sábios e adivinhos de toda a Babilônia. E Daniel ficou no palácio real até o ano em que o rei Ciro começou a governar a Babilônia (DANIEL 1:1-21).

Assim, importante é achegar-nos aos bons para nos tornar um deles, isso só os valorosos e os que desejam fazer, praticam. Nota-se que o mal busca se instalar sorrateiramente em nosso meio e quando as pessoas se dão conta já estão enredados em muitos problemas, sendo talvez motivo de escárnio ou ainda passando por privações, como o jovem da parábola "O filho pródigo". Em (Lucas 15: 11-32), o cair em si é um toque do Espírito Santo. Convido, pois, que se libertem do mal, por meio do poder de Deus em Cristo, se tornem realmente novas criaturas, filhos do Deus altíssimo.

Isto, porém, demanda desprendimento dos valores deste mundo, exige a ruptura com alguns laços de amizade e o afastamento de certas convivências. Muitos se voltarão contra ti, atacando com sarcasmos, inverdades e críticas, mas isso o tornará mais forte e seguro no Senhor, pois é para frente que se anda e para cima que se olha.

Se o meio que se encontra neste momento não lhe é favorável e você deseja seguir os preceitos cristãos, deixe-o. Se aqueles que te rodeiam não querem te acompanhar, deixe-os, e siga em direção ao alvo que é Jesus Cristo. É claro, irmãos, que eu não penso que já consegui isso. Porém uma coisa eu faço: esqueço aquilo que fica para trás e avanço para o que está na minha frente.

Corro direto para a linha de chegada a fim de conseguir o prêmio da vitória. Esse prêmio é a nova vida para a qual Deus me chamou por meio de Cristo Jesus (FILIPENSES 3: 13-14).

COMO ESTÁ A SUA VIDA AGORA?

Para você que deseja viver um novo tempo, alcançar um patamar mais elevado, pare, pense, reflita. Faça uma leitura de como está a sua vida agora, aí mesmo onde você está. Como está a sua vida financeira? Emocional? Espiritual? Ministerial?

Se existe alguém que pode mudar esta realidade é você mesmo. Não se negue o direito de passar por uma grande metamorfose e assim como a lagarta que depois de um grande processo de mudança, lento e gradual se transforma naquilo que nasceu para ser, uma borboleta.

Quando no princípio era uma lagarta, rastejava e subindo encontrou um lugar seguro da chuva e do vento e a partir de então, seu organismo passou a liberar uma substância com a qual ela se envolveu até formar um casulo, e foi ali naquele ambiente escuro e apertado que o milagre aconteceu. Uma verdadeira transformação.

Ao romper este invólucro, percebemos que o inseto que ali chegara se arrastando, abre as asas e parte para o seu primeiro voo rumo à liberdade. E você?

Creia no milagre, se abrigue no esconderijo do Altíssimo, se dedique em conhecer, meditar e aplicar a Sua palavra. Ouça e reconheça a Sua voz, permita-se ver como Ele te vê e não se conforme em continuar como está.

Reconheça, Deus te concedeu dons e talentos, você não nasceu para rastejar, mas para voar e viver o sobrenatural de Deus.

Não vivam como vivem as pessoas deste mundo, mas deixem que Deus os transforme por meio de uma completa mudança da mente de vocês. Assim vocês conhecerão a vontade de Deus, isto é, aquilo que é bom, perfeito e agradável a ele (ROMANOS 12:2).

COMUNICAÇÃO X VALORES

A internet roubou nossa comunicação com Deus. Vivemos em um tempo onde as pessoas, por excesso de informação, estão se sentindo aflitas, angustiadas, desesperadas e sem paz, não conseguindo vislumbrar um novo amanhã.

A mídia, na sua maioria, tem sido parcial e interesseira, por mera conveniência, não se importando com os verdadeiros valores de moral e família. Pelo contrário, buscando incansavelmente destruí-los e incutindo diariamente nos telespectadores, sonhos e desejos egoístas que deturpam a sociedade.

Agindo assim, acabam por nutrir e formar pessoas mal intencionadas, aptas em adultério, corrupção, roubos, homicídios, vandalismos, parasitas, exploradores e em muitas outras obras do maligno.

Diante da grande velocidade e do elevado alcance dos meios de comunicação, muitos tem se utilizado deste meio para influenciar multidões e espalhar o terror, muito mais para o mal do que para o bem. Promovem guerras ao invés de paz, destituem e estabelecem governos, idealizam heróis e covardes, criam bandidos e mocinhos a bel-prazer.

A comunicação compreende várias vias de mão dupla, logo, a mesma que acelera a comunicação e facilita o conhecimento é a mesma que cria barreiras. Pois tem nos aproximado dos que estão distantes e nos afastado dos que estão próximos.

Já se tratando de família, muitas surpresas podem acontecer, pois cada um está buscando o seu conhecimento de forma particular, conforme o seu próprio interesse, independente de idade e isso afeta a formação da mentalidade de nossos jovens e crianças e certamente influenciará em sua maneira de pensar, agir e viver.

Em outros tempos julgávamos nossos filhos estarem seguros dentro de casa, no quarto. Mas hoje em dia, fecham-se as portas dos quartos e se abrem as portas do mundo e na internet cada um escolhe qual caminho seguir.

E você, onde tem buscado formação em informação?

Tem se deixado levar pela maldade do mundo e suas concupiscências?

Precisamos vigiar e guardar o nosso coração.

Quero dizer a vocês o seguinte: deixem que o Espírito de Deus dirija a vida de vocês e não obedeçam aos desejos da natureza humana.

(GÁLATAS 5: 16)

NOVO NASCIMENTO

Sabendo que Jesus em sua onisciência sabia o que cada pessoa pensava, ao interpelar Nicodemos disse que para ver o reino de Deus era lhe necessário nascer de novo.

Nicodemos perguntou:

— Como é que um homem velho pode nascer de novo? Será que ele pode voltar para a barriga da sua mãe e nascer outra vez?

Jesus disse:

— Eu afirmo ao senhor que isto é verdade: ninguém pode entrar no Reino de Deus se não nascer da água e do Espírito.

Quem nasce de pais humanos é um ser de natureza humana; quem nasce do Espírito é um ser de natureza espiritual.

Por isso não fique admirado porque eu disse que todos vocês precisam nascer de novo.

O vento sopra onde quer, e ouve-se o barulho que ele faz, mas não se sabe de onde ele vem, nem para onde vai.

A mesma coisa acontece com todos os que nascem do Espírito.

(JOÃO 3:4-8)

Logo, nesta nova fase da vida muitos não vão querer nos seguir e tentarão nos influenciar e fazer voltar atrás, porém, nós com o auxílio do Espírito Santo seguiremos em retidão e justiça.

Embora desejosos nos esforcemos em mostrar-lhes a verdade e os salvar, muitos preferem continuar nas mesmas práticas, desregradas de sempre, e atolados na lama.

Certamente, além de amigos muitos, podem ser nossos parentes, mas fique tranquilo, tem uma boa notícia para todos nós. Há um tempo para todo propósito debaixo do céu e uma das promessas mais incríveis que o Senhor nos deixou, que está em Atos 16:31, onde diz: *Eles responderam*:

— *Creia no Senhor Jesus e você será salvo, você e as pessoas da sua casa.*

Não podemos nortear nossas vidas pelo que os outros pensam ou dizem, mesmo que sejam amigos ou parentes. Mas devemos assim como Abraão, sem cambalear seguir o caminho indicado pelo Senhor.

Certo dia o SENHOR Deus disse a Abrão:

— Saia da sua terra, do meio dos seus parentes e da casa do seu pai e vá para uma terra que eu lhe mostrarei. Os seus descendentes vão formar uma grande nação. Eu o abençoarei, o seu nome será famoso, e você será uma bênção para os outros. Abençoarei os que o abençoarem e amaldiçoarei os que o amaldiçoarem. E por meio de você eu abençoarei todos os povos do mundo (GÊNESIS 12:1-3).

O conhecimento da palavra nos conduz ao mais elevado padrão de vida, nos fazendo enxergar com clareza o que é justo ou o que é injusto, o que é certo ou errado.

O meu povo não quer saber de mim e por isso está sendo destruído. E vocês, sacerdotes, também não querem saber de mim e esqueceram as minhas leis; portanto, eu não os aceito mais como meus sacerdotes, nem aceitarei os seus filhos como meus sacerdotes (OSÉIAS 4:6).

AONDE VOCÊ QUER CHEGAR?

Quais são os seus sonhos e aspirações?

Analise, examine, pondere. Tenha metas a curto, médio e longo prazo. Faça planos, projetos, analise recursos e então submeta tudo isso ao Senhor.

Se a resposta de Deus for positiva, execute com a certeza de estar seguindo ao melhor Sócio que teu empreendimento poderia arrumar.

Se por outro lado não tiver aprovação do Senhor em algo, aguarde. Nem tudo é para nós ou pelo menos para o momento.

Porém, em todos os casos tenha Jesus como modelo em todas as tuas atitudes e decisões. Lembrando sempre a pergunta:

— O que Jesus faria em meu lugar?

Não se precipite em nada, não se deixe influenciar pelo meio em que se encontra, nem se deixe abalar pelas informações nocivas que tentam te desanimar. A palavra de ordem é PERSEVERAR.

Se iniciar algo, termine. Em Lucas 14:28-30, encontramos palavras que nos aconselham a calcular o custo de uma obra no seu todo, pois, se conseguirmos apenas construir o alicerce e não o restante da obra, seremos alvo de chacotas e críticas.

Se um de vocês quer construir uma torre, primeiro senta e calcula quanto vai custar, para ver se o dinheiro dá. Se não fizer isso, ele consegue colocar os alicerces, mas não pode terminar a construção. Aí todos os que virem o que aconteceu vão caçoar dele, dizendo: "Este homem começou a construir, mas não pôde terminar!".

(LUCAS 14:28-30)

DEUS É A NECESSIDADE SUPREMA DE NOSSA ALMA

Independentemente de nossa formação espiritual, Deus é a necessidade suprema de nossa alma, e todos das mais diversas formas O buscam.

Ele fez isso para que todos pudessem procurá-lo e talvez encontrá-lo, embora ele não esteja longe de cada um de nós (ATOS 17:27).

O ser humano foi criado para adorar a Deus, isto já está no nosso DNA, só que alguns adoram de forma errada. E, não encontrando Ele, os seres humanos endeusam outras coisas: pau, pedra, ferro, gesso, água, fogo, astros, estrelas, riquezas, miséria, sentimentos pessoais, teorias humanas, homens, mulheres, crianças, animais, objetos, bens, dinheiro, entre outros, para ocupar o espaço vazio, não discernindo que o referido espaço, seja o tamanho que for só pode ser preenchido por Deus.

Eles sabem quem Deus é, mas não lhe dão a glória que ele merece e não lhe são agradecidos. Pelo contrário, os seus pensamentos se tornaram tolos, e a sua mente vazia está coberta de escuridão.

Eles dizem que são sábios, mas são tolos. Em vez de adorarem ao Deus imortal, adoram ídolos que se parecem com seres humanos, ou com pássaros, ou com animais de quatro patas, ou com animais que se arrastam pelo chão. Por isso Deus entregou os seres humanos aos desejos do coração deles para fazerem coisas sujas e para terem relações vergonhosas uns com os outros.

Eles trocam a verdade sobre Deus pela mentira e adoram e servem as coisas que Deus criou, em vez de adorarem e servirem o próprio Criador, que deve ser louvado para sempre. Amém!

(ROMANOS 1:21-25)

Ora, não basta apenas reconhecermos a existência de Deus, ou sermos religiosos e ritualistas, mas sim aprimorar este conhecimento, criar e desenvolver um relacionamento com Aquele que é o criador e mantenedor de todas as coisas.

A salvação somente é encontrada por meio da fé na pessoa de Jesus Cristo.

Jesus, em João 14:6 declarou: *"Eu sou o caminho, a verdade e a vida; ninguém pode chegar até o Pai a não ser por mim"* e, em João 8:32, Jesus explicou: *"e conhecerão a verdade, e a verdade os libertará"*.

Quem não se curva diante da grandeza e dignidade do Senhor e O honra, inclinando-se aos mais estranhos deuses terrenos e, aqueles que não sacrificam seus vícios, vaidades e concupiscências pessoais no altar de Deus, serão por eles imolados. Quem não serve a Deus, é escravo de Satanás.

Não podemos nos deixar levar por qualquer doutrina ou ensinamento imposto por homens, por mais confiável que possa parecer, antes devemos: examinar, avaliar, pensar e ponderar à luz da palavra de Deus.

Eu digo isso a vocês para que não deixem que ninguém os engane com explicações falsas, mesmo que pareçam muito boas.

Porque, embora no corpo eu esteja longe, em espírito eu estou com vocês. E fico alegre em saber que vocês estão unidos e firmes na fé em Cristo.

Portanto, já que vocês aceitaram Cristo Jesus como SENHOR vivam unidos com ele. Estejam enraizados nele, construam a sua vida sobre ele e se tornem mais fortes na fé, como foi ensinado a vocês. E deem sempre graças a Deus.

Tenham cuidado para que ninguém os torne escravos por meio de argumentos sem valor, que vêm da sabedoria humana. Essas coisas vêm dos ensinamentos de criaturas humanas e dos espíritos que dominam o Universo e não de Cristo (COLOSSENSES 2:4-8).

A Bíblia Sagrada é o manual do Criador para o homem, pois nela, Deus diz o que Ele fez e o que Ele fará, nos diz o que devemos fazer. É o nosso manual de fé e conduta. Sua influência deve ser soberana em todos os atos de nossa vida. E nada deve ser praticado por coação, camaradagem ou tradição, antes, deve ser examinado e provado individualmente e posteriormente seguido com firmeza e sinceridade.

Procure descobrir, por você mesmo, como o Senhor Deus é bom. Feliz aquele que encontra segurança nele! (SALMO 34:8)

Vocês estudam as Escrituras Sagradas porque pensam que vão encontrar nelas a vida eterna. E são elas mesmas que dão testemunho a meu favor. Mas vocês não querem vir para mim a fim de ter vida.

(JOÃO 5: 39-40)

Nosso relacionamento com Deus deve ser progressivo, crescendo sempre em conhecimento, fé e obras.

A estrada em que caminham as pessoas direitas é como a luz da aurora, que brilha cada vez mais até ser dia claro (PROVÉRBIOS 4:18).

REMOVENDO OS OBSTÁCULOS DA FÉ

Jesus voltou para o lado oeste do lago, e muitas pessoas foram se encontrar com ele na praia.

Um homem chamado Jairo, chefe da sinagoga, foi e se jogou aos pés de Jesus, pedindo com muita insistência:

— A minha filha está morrendo! Venha comigo e ponha as mãos sobre ela para que sare e viva!

E Jesus foi com ele. Uma grande multidão foi junto e o apertava de todos os lados.

(MARCOS 5:21-24)

Aqui temos o relato de um pai, homem importante e temente a Deus que procurava por Jesus na esperança de que sua filha fosse curada.

Ele se jogou aos pés do Mestre com insistência, mas Jesus tinha o seu itinerário a cumprir, curando a todos que dele se aproximassem com fé, inclusive uma mulher que há doze anos sofria de hemorragia.

Em determinado momento desta caminhada chegam pessoas da casa de Jairo com a triste notícia do falecimento de sua filha. E não bastando tamanha desgraça, pedem-no para que não aborreça mais o mestre.

Muitas vezes e das mais diversas maneiras, pessoas vem para zombar de nossa fé e tentar destruir a nossa esperança. Lamentavelmente na grande maioria das vezes estas atitudes partem das pessoas que mais amamos.

Mas fiel é Deus, que nos anima e encoraja a prosseguir e nos reafirma a cada momento:

— NÃO TENHA MEDO, TENHA FÉ.

Na Bíblia Sagrada, no livro de Marcos 5:35-43, é onde encontramos o relato desta história de cura e de milagres:

Jesus ainda estava falando, quando chegaram alguns empregados da casa de Jairo e disseram:

— Seu Jairo, a menina já morreu. Não aborreça mais o Mestre.

Mas Jesus não se importou com a notícia e disse a Jairo:

— Não tenha medo; tenha fé!

Jesus deixou que fossem com ele Pedro e os irmãos Tiago e João, e ninguém mais.

Quando entraram na casa de Jairo, Jesus encontrou ali uma confusão geral, com todos chorando alto e gritando. Então, ele disse:

— Por que tanto choro e tanta confusão? A menina não morreu; ela está dormindo. Então, eles começaram a caçoar dele.

Mas Jesus mandou que todos saíssem e, junto com os três discípulos e os pais da menina entraram no quarto onde ela estava.

Pegou-a pela mão e disse:

— "Talitá cumi!" (Isto quer dizer: "Menina, eu digo a você: Levante-se!").

No mesmo instante, a menina, que tinha doze anos, levantou-se e começou a andar.

E todos ficaram muito admirados. Então, Jesus ordenou que de jeito nenhum espalhassem a notícia dessa cura. E mandou que dessem comida à menina.

(MARCOS 5: 35-43)

EXISTE PROBLEMA PERMANENTE?

Jesus e os discípulos chegaram à cidade de Jericó. Quando ele estava saindo da cidade, com os discípulos e uma grande multidão, encontrou um cego chamado Bartimeu, filho de Timeu. O cego estava sentado na beira do caminho, pedindo esmola.

Quando ouviu alguém dizer que era Jesus de Nazaré que estava passando, o cego começou a gritar:

— Jesus, Filho de Davi, tenha pena de mim!

Muitas pessoas o repreenderam e mandaram que ele calasse a boca, mas ele gritava ainda mais:

— Filho de Davi, tenha pena de mim!

Então, Jesus parou e disse:

— Chamem o cego.

Eles chamaram e lhe disseram:

— Coragem! Levante-se porque ele está chamando você! Então, Bartimeu jogou a sua capa para um lado, levantou-se depressa e foi até o lugar onde Jesus estava.

— O que é que você quer que eu faça? — perguntou Jesus.

— Mestre, eu quero ver de novo! — respondeu ele.

— Vá; você está curado porque teve fé! — Afirmou Jesus.

No mesmo instante, Bartimeu começou a ver de novo e foi seguindo Jesus pelo caminho.

(MARCOS 10:46-52)

Neste trecho de Marcos lemos a história de Bartimeu filho de Timeu, filho da pobreza, nome de batismo ou herança social. A sociedade acreditava ser impossível a transformação, a passagem de estado de derrota para a vitória.

Bartimeu, o que vivia à Beira do Caminho, se tornou discípulo de Jesus e nos ensina a não desperdiçar oportunidades e não se calar diante dos obstáculos. Bartimeu não podia ver, mas podia escutar e falar, e diante da oportunidade de mudança, clamou.

Sua oração, tão curta e intensa alcançou o coração de Jesus e, ao largar sua capa e se levantar em direção a Jesus, nos ensina o desprendimento das coisas deste mundo, tradições e imposições sociais e nos instiga a arrepender-se, fazer as escolhas corretas, ter fé.

Agindo desta forma, existe sim a possibilidade de mudança para qualquer pessoa, pois nada é impossível para Deus. Aprendemos assim o valor de um clamor, a necessidade de oração e a simplicidade da fé.

Era cego e mendigo e a sua capa representava, proteção contra o sol, chuva e também com ela escondia o rosto por vergonha, medo, desprezo e encima dela eram colocadas as esmolas que recebia.

Nota-se que muitas pessoas o repreendiam e mandavam que se calasse, porém ele gritava ainda mais.

Precisamos ter consciência e convicção de que não importa quem somos ou que situação esteja enfrentando, ninguém passa despercebido por Deus.

Aquele poderia ser mais um dia qualquer, até Jesus aparecer, mas quanta diferença entre um dia sem Jesus e um dia com Ele.

O que você quer?

O que você Precisa?

Deus diz:

— *Meu filho, Eu posso, peça!*

→ Não veja o problema, veja a resposta, a solução.

→ Clame a Jesus, projete palavras de resposta, de cura, de solução de problemas, de provisão.

→ Arranque a capa, seja ela qual for; depressão, opressão, medo, ruína emocional, financeira, casamento, profissional.

→ A oração e a intercessão têm poder de cura, libertação e transformação.

→ Quando Jesus chega ao lugar os problemas tem que sair e os milagres acontecem.

→ Deus quer que seu povo clame Seu nome, que ore a Ele suplicando bênçãos e Ele atenderá.

[...] então, se o meu povo, que pertence somente a mim, se arrepender, abandonar os seus pecados e orar a mim, eu os ouvirei do céu, perdoarei os seus pecados e farei o país progredir de novo (2 CRÔNICAS, 7:14).

ATITUDES QUE MUDAM CIRCUNSTÂNCIAS

Um exemplo claro está no relato do Apóstolo Marcos (Capítulo 2:1-12), onde quatro homens se negaram a aceitar a condição de paralisia do outro amigo e começaram a vê-lo curado e livre:

Alguns dias depois, Jesus voltou para a cidade de Cafarnaum, e logo se espalhou a notícia de que ele estava em casa. Muitas pessoas foram até lá, e ajuntou-se tanta gente, que não havia lugar nem mesmo do lado de fora, perto da porta.

Enquanto Jesus estava anunciando a mensagem, trouxeram um paralítico. Ele estava sendo carregado por quatro homens, mas, por causa de toda aquela gente, eles não puderam levá-lo até perto de Jesus. Então, fizeram um buraco no telhado da casa, em cima do lugar onde Jesus estava, e pela abertura desceram o doente deitado na sua cama.

Jesus viu que eles tinham fé e disse ao paralítico:

— Meu filho, os seus pecados estão perdoados.

Alguns mestres da Lei que estavam sentados ali começaram a pensar: "O que é isso que esse homem está dizendo? Isso é blasfêmia contra Deus! Ninguém pode perdoar pecados; só Deus tem esse poder!".

No mesmo instante Jesus soube o que eles estavam pensando e disse:

— Por que vocês estão pensando essas coisas? O que é mais fácil dizer ao paralítico: "Os seus pecados estão perdoados" ou "Levante-se, pegue a sua cama e ande"?

Pois vou mostrar a vocês que eu, o Filho do Homem, tenho poder na terra para perdoar pecados. Então, disse ao paralítico:

— Eu digo a você: levante-se, pegue a sua cama e vá para casa.

No mesmo instante o homem se levantou na frente de todos, pegou a cama e saiu.

Todos ficaram muito admirados e louvaram a Deus, dizendo:

— Nunca vimos uma coisa assim!

(MARCOS 2:1-12)

A partir do momento em que se tornaram cooperadores para uma mudança de vida, viabilizaram um acontecimento milagroso na vida daquele homem paralítico.

Primeiramente a cura aconteceu em seus corações e a partir de então, pela fé demonstraram atitude, levando (parte dos Homens) o amigo a Cristo, ao passo que vendo lhes a fé (por meio de obras) o curou (perdoando-lhe os pecados).

Com esta atitude, tornaram-se vencedores diante das dificuldades, sem reclamar nem desanimar; superaram as oposições, distância, multidão, incredulidade, esforço exaustivo, possível frustração, indisposição e por fim o telhado em si.

Estes quatro amigos não se deixaram intimidar diante das circunstâncias e admirados puderam ver o amigo se levantar. Um verdadeiro milagre. Aquele homem não foi a Jesus esperando ter seus pecados perdoados.

Talvez você esteja necessitando ser carregado neste momento, mas creia o Senhor é a resposta para todas as tuas necessidades e anseios.

Receba a cura, receba o perdão, receba a libertação e depois, levanta-te para carregar e levar outros aos pés da cruz de Jesus.

No Evangelho de Lucas 15:11-21, na parábola do filho pródigo, nos deparamos com um jovem que tem tudo o que precisa, mas não está satisfeito.

E Jesus disse ainda:

— Um homem tinha dois filhos. Certo dia o mais moço disse ao pai: "Pai, quero que o senhor me dê agora a minha parte da herança". E o pai repartiu os bens entre os dois.

Poucos dias depois, o filho mais moço ajuntou tudo o que era seu e partiu para um país que ficava muito longe. Ali viveu uma vida cheia de pecado e desperdiçou tudo o que tinha. O rapaz já havia gastado tudo, quando houve uma grande fome naquele país, e ele começou a passar necessidade.

Então, procurou um dos moradores daquela terra e pediu ajuda. Este o mandou para a sua fazenda a fim de tratar dos porcos. Ali, com fome, ele tinha vontade de comer o que os porcos comiam, mas ninguém lhe dava nada.

Caindo em si, ele pensou:

"Quantos trabalhadores do meu pai têm comida de sobra, e eu estou aqui morrendo de fome! Vou voltar para a casa do meu pai e dizer: 'Pai, pequei contra Deus e contra o senhor. E não mereço mais ser chamado de seu filho'. Me aceite como um dos seus trabalhadores".

Então, saiu dali e voltou para a casa do pai.

Quando o rapaz ainda estava longe de casa, o pai o avistou. E, com muita pena do filho, correu e o abraçou, e beijou.

E o filho disse: "Pai, pequei contra Deus e contra o senhor e não mereço mais ser chamado de seu filho!".

(LUCAS 15: 11-21)

Aquele filho estava na casa do pai, porém como os olhos no mundo, que parece ser muito mais colorido, ter mais atrativos e opções.

Após ir embora e jogar fora todos os recursos de que dispunha, encontra-se também sem amigos e o único emprego que encontra é cuidar de porcos.

Percebendo então que é menos importante do que os animais que cuida, pois não pode comer nem da ração (alimentação dos mesmos) para matar a própria fome, encontra-se no fundo do poço e sem saída.

Porém, caindo em si, percebe que longe da presença do pai não há futuro.

Diante da queda aprende a reconhecer seus erros, pedir perdão e levantar-se sabendo que precisa mudar e também o que deve fazer.

Num gesto de atitude e coragem, procura seu pai e diz:

— Me enganei, errei, me iludi e hoje sei que as facilidades e ilusões são tendências do maligno, mas também reconheço que aqui tenho deveres e direitos mas preciso ter compromisso.

Ele esteve perdido, mas se reencontrou, teve um passado ruim, mas reconheceu e o mais importante, falava de seus erros.

Nós, porém, devemos ter em mente que melhor que aprender com os nossos erros é aprender com os erros dos outros.

SEGUINDO JESUS NO CAMINHO

O discipulado é uma experiência que acontece no caminho, no qual a pessoa se encontra com Jesus e uma vez que compreende e aceita o chamado, este implica renúncia e confiança.

É na intimidade e no convívio diário que Jesus se dá a conhecer aos seus verdadeiros seguidores, mas não somente Jesus se revela no caminho, pois também os discípulos se dão a conhecer no seguimento do Mestre, seja descobrindo seus medos, suas incompreensões, suas fragilidades, suas contradições e suas resistências diante de uma proposta que lhes questiona e desinstala.

Para seguir Jesus, o discípulo deve estar efetivamente ao seu lado, isto é, assumir os critérios do Reino, perseverar na fé, renunciar a si próprio, confrontar-se com o rosto do servo sofredor, desistir da dinâmica dos homens e mergulhar na dinâmica de Deus.

Aí Jesus chamou a multidão e os discípulos e disse:
— Se alguém quer ser meu seguidor, que esqueça os seus próprios interesses, esteja pronto para morrer como eu vou morrer e me acompanhe. Pois quem põe os seus próprios interesses em primeiro lugar nunca terá a vida verdadeira; mas quem esquece a si mesmo por minha causa e por causa do evangelho terá a vida verdadeira.

O que adianta alguém ganhar o mundo inteiro, mas perder a vida verdadeira? Pois não há nada que poderá pagar para ter de volta essa vida. Portanto, se nesta época de incredulidade e maldade alguém tiver vergonha de mim e dos meus ensinamentos, então o Filho do Homem, quando vier na glória do seu Pai com os santos anjos, também terá vergonha dessa pessoa.

(MARCOS 8: 34-38)

A vida do Cristão começa na cruz. Como observado, o seguidor deve assumir que, realizando o mesmo itinerário de Jesus e dando continuidade a sua missão, partilhará também, se não desistir seu destino de Cruz. Este é o princípio básico do discipulado: a renúncia de si mesmo, atitude simples perante as honras do mundo e o serviço voluntário.

Mas entre vocês não pode ser assim. Pelo contrário, quem quiser ser importante, que sirva os outros, e quem quiser ser o primeiro, que seja o escravo de todos. Porque até o Filho do Homem não veio para ser servido, mas para servir e dar a sua vida para salvar muita gente.

(MARCOS 10:43-45)

QUEM É JESUS PARA VOCÊ?

No começo aquele que é a Palavra já existia. Ele estava com Deus e era Deus. Desde o princípio, a Palavra estava com Deus. Por meio da Palavra, Deus fez todas as coisas, e nada do que existe foi feito sem ela. A Palavra era a fonte da vida, e essa vida trouxe a luz para todas as pessoas. A luz brilha na escuridão, e a escuridão não conseguiu apagá-la. Houve um homem chamado João, que foi enviado por Deus para falar a respeito da luz. Ele veio para que por meio dele todos pudessem ouvir a mensagem e crer nela. João não era a luz, mas veio para falar a respeito da luz (JOÃO 1:1-8).

No antigo testamento a videira era a figura do povo de Israel que foi tirado do Egito e levado para uma boa terra, mas ao invés de darem uvas doces elas deram uvas azedas.

Então, o senhor retirou a cerca e derrubou os muros permitindo que os animais destruíssem a plantação. Abandonou-os, não os podou mais e o mato e os espinheiros tomaram conta.

Também ordenou às nuvens para que não chovesse na plantação. Mas mesmo assim é um povo de que Ele gosta e espera que o obedeçam e abandonem os seus maus caminhos.

Vou cantar agora para o meu amigo uma canção a respeito da sua plantação de uvas. O meu amigo fez essa plantação num lugar onde a terra era boa.

Ele cavou o chão, tirou as pedras e plantou as melhores mudas de uva. No centro do terreno, ele construiu uma torre para o vigia e fez também um tanque para esmagar as uvas.

Esperava que as parreiras dessem uvas boas, mas deram somente uvas azedas.

Agora o meu amigo diz: Moradores de Jerusalém e povo de Judá, digam se a culpa é minha ou da minha plantação de uvas.

Fiz por ela tudo o que podia; então, por que produziu uvas azedas em vez das uvas doces que eu esperava?

Agora eu lhes digo o que vou fazer com a minha plantação de uvas: vou tirar a cerca e derrubar os muros que a protegem e vou deixar que os animais invadam a plantação e acabem com as parreiras.

A plantação ficará abandonada; as parreiras não serão podadas, e a terra não será cultivada; o mato e os espinheiros tomarão conta dela. Também darei ordem às nuvens para que não deixem cair chuva na minha plantação.

A plantação de uvas do SENHOR Todo-Poderoso, as parreiras de que ele tanto gosta são o povo de Israel e o povo de Judá.

Deus esperava que eles obedecessem à sua lei, mas ele os viu cometendo crimes de morte; esperava que fizessem o que é direito, mas só ouviu as suas vítimas gritando por socorro.

(ISAÍAS 5:1-7)

Jesus usa a figura da videira e dos ramos para ilustrar o relacionamento vital que existe entre Ele e os seus seguidores, que somente poderão dar frutos se continuarem unidos com Ele. VIDEIRA significa vida e comunicação, crescimento e frutificação.

Jesus disse: — Eu sou a videira verdadeira, e o meu Pai é o lavrador. Todos os ramos que não dão uvas ele corta, embora eles estejam em mim. Mas os ramos que dão uvas ele poda a fim de que fiquem limpos e deem mais uvas ainda. Vocês já estão limpos por meio dos ensinamentos que eu lhes tenho dado (JOÃO 15:1-3).

A dependência de Cristo é necessária para transmitir vida. Essa vida é necessária para a produção de fruto e a frutificação é a prova da existência de vida nos ramos de uma árvore. Da mesma forma, você e eu devemos produzir frutos à medida que a palavra de Deus começa a atuar em nós no poder do Espírito.

Continuem unidos comigo, e eu continuarei unido com vocês. Pois, assim como o ramo só dá uvas quando está unido com a planta, assim também vocês só podem dar fruto se ficarem unidos comigo.

— Eu sou a videira, e vocês são os ramos. Quem está unido comigo e eu com ele, esse dá muito fruto porque sem mim vocês não podem fazer nada (JOÃO 15:4-5).

"*Permanecei em mim*". Isso quer dizer que devemos ter um relacionamento mais próximo e íntimo possível com Cristo, sem nada entre Ele e nós. Por isso que congregar, orar e estudar a Palavra de Deus é tão importante.

"*Sem mim nada podeis fazer*", o segredo para a benção é a obediência. Se nós permanecemos em Cristo, vivendo de maneira obediente, a vida de Cristo flui para dentro de nós como a seiva da árvore, que dá vida aos ramos, produzindo frutos para Glória do Pai, e para alimentar e abençoar outros.

Se perguntássemos a um ramo de uva:

— *Como você faz para ter uvas tão deliciosas?*

Provavelmente o ramo responderia:

— *Eu não sei. Não fiz crescer nenhum deles. Eu só os carrego. Se você me cortar do pé de uvas eu secarei e não terei mais utilidade.*

Sem a videira, o ramo não pode fazer nada. Mas se eu permaneço em Cristo mantendo um relacionamento íntimo, obediente e dependente d'Ele, Deus Espírito Santo atua em minha vida, produzindo em mim o fruto do Espírito.

Isto não quer dizer que vamos ficar maduros instantaneamente, imediatamente cheios do fruto do Espírito. Qualquer fruto precisa de tempo para amadurecer, talvez até alguma poda se faça necessária, antes de aparecerem frutos em quantidade.

"*Agora vocês já foram podados pelas minhas palavras*".

Não há melhor maneira de o filho de Deus ser podado que pelo estudo da palavra e pela aplicação da Bíblia em sua própria vida independente da situação. Deus pode nos corrigir e nos dizer onde nos enganamos e nos perdemos, sem nos desencorajar.

— Você permanece em Cristo?

— Há em sua vida algum pecado não confessado, que o impede de andar mais perto de Cristo?

— Falta-lhe disciplina?

— Há algum relacionamento prejudicado com alguém, que precisa ser posto em ordem?

Seja qual for a sua causa, traga até Cristo, confessando-a arrependido. Então, experimente o que quer dizer *"permanecer em mim"*, cada dia.

Mas o Espírito de Deus produz o amor, a alegria, a paz, a paciência, a delicadeza, a bondade, a fidelidade, a humildade e o domínio próprio. E contra essas coisas não existe lei (GÁLATAS 5:22-23).

Aplicando em nossas vidas, podemos dividir os frutos do Espírito em CACHOS, assim como na videira.

1º Cacho: nosso relacionamento com Deus: amor, alegria e paz (Comunhão).

2º Cacho: nosso relacionamento com as pessoas: paciência, delicadeza e bondade (KOINONIA — As pessoas verão os frutos do Espírito Santo em nós).

3º Cacho: Nosso relacionamento com nosso interior: fidelidade, humildade e domínio próprio.

Você pode estar passando por tempos difíceis em alguma área da sua vida e nessas ocasiões brotam muitas perguntas e incertezas:

→ Por que essas coisas acontecem comigo? Parece que o mundo está contra mim!

→ Não consigo deslanchar no que estou fazendo. Não consigo me sentir satisfeito com o meu trabalho. Por quê?

→ Onde estão suas raízes? Onde é a fonte que tens buscado a seiva para sua vida?

Jesus disse que os ramos dependiam do tronco e sem o alimento necessário que vem da palavra de Deus, sem a comunhão com Ele ficariam sem a seiva da vida.

Precisamos estar ligados na videira — Jesus que é a essência de nossa vida. Galho ligado ao tronco é sinônimo de intimidade. O galho fora da árvore não tem vida. Mesmo que por um pequeno espaço de tempo ainda conserve suas características originais. Fica verde ainda por um tempo, mas logo a seguir murcha e seca. Isto explica porque muitos têm uma vivência "murcha".

Nós também somos assim. Quando não estamos conectados a videira verdadeira não temos a seiva da vida, e nossa existência e até nossa aparência fica murcha e vai morrendo.

Já o fato de estar ligado à videira verdadeira muda tudo. Quando estamos ligados ao tronco, recebemos a seiva da vida que vem desde a raiz, passa pelo caule, abastece os ramos que nos leva a frutificação.

Nossos olhos passam a ver o que antes não viam, nossa mente é renovada e começamos a buscar de volta sonhos perdidos, e tudo o que disseram que não éramos capazes, agora entendemos que ligados a videira é possível, nossas mãos já não fazem mais o que faziam um antes, nossos pés já não andam mais nos caminhos de antes.

Ligados à videira passamos a viver da seiva (essência de vida). E nossos frutos começarão a aparecer. Serão frutos de paz, amor, aceitação, alegria, esperança, motivação.

Até a nossa aparência melhora. É como se as folhas estivessem mais verdes, o caule mais bonito, os frutos mais apetitosos e saborosos. O sorriso passa a estar nos olhos e nos lábios. A formosura toma conta. A pessoa fica mais bonita e cheia de vida.

Felizes são aqueles que não se deixam levar pelos conselhos dos maus, que não seguem o exemplo dos que não querem saber de Deus e que não se juntam com os que zombam de tudo o que é sagrado! Pelo contrário, o prazer deles está na lei do Senhor, e nessa lei eles meditam dia e noite.

Essas pessoas são como árvores que crescem na beira de um riacho; elas dão frutas no tempo certo, e as suas folhas não murcham.

Assim também tudo o que essas pessoas fazem dá certo.

(SALMOS 1:1-3)

→ Então, onde estar ligado?

→ Na videira verdadeira que é Jesus Cristo.

→ Existem videiras falsas?

→ Sim.

→ Então, como reconhecê-las?

→ Pelos frutos.

→ Quais têm sido os resultados na sua vida?

Se ruins, Volte ao original.

Uma declaração de amor para você está registrada na Bíblia Sagrada, em João 3: 16: *"Porque Deus amou o mundo tanto, que deu o seu único Filho, para que todo aquele que nele crer não morra, mas tenha a vida eterna".*

Convido a cada um de vocês a permanecer ligados em Jesus ou então voltarem a Ele e serem novamente enxertados.

Mesmo *"murchos ou secos"*, Jesus tem todo o poder de fazê-los reviver e produzir fruto, muito fruto.

GRATIDÃO

Imagine-se levando uma vida à margem da sociedade, sendo terrivelmente discriminado, longe das pessoas que ama, aguardando a morte, sendo consumido em vida. Assim viviam os leprosos (portadores de hanseníase).

Quando iam à cidade eram proibidos de se aproximar das outras pessoas, para não as contaminar. Eram obrigados a levar consigo um sino que tocavam e gritavam *"está passando um leproso"* toda vez que alguém se aproximasse.

Um dia, alguns leprosos cruzaram com Jesus e um desejo ardente fez com que aqueles leprosos começassem gritar: *"Senhor, Senhor, cura-nos da lepra que está nos consumindo"*, e a cura aconteceu. Eles puderam ser reintegrados à sociedade, voltar para suas casas, para suas famílias, conforme Lucas, capítulo 17:

Jesus continuava viajando para Jerusalém e passou entre as regiões da Samaria e da Galileia. Quando estava entrando num povoado, dez leprosos foram se encontrar com ele. Eles pararam de longe e gritaram:

— Jesus, Mestre, tenha pena de nós!

Jesus os viu e disse:

— Vão e peçam aos sacerdotes que examinem vocês. Quando iam pelo caminho, eles foram curados. E, quando um deles, que era samaritano, viu que estava curado, voltou louvando a Deus em voz alta. Ajoelhou-se aos pés de Jesus e lhe agradeceu.

Jesus disse:

— Os homens que foram curados eram dez. Onde estão os outros nove? Por que somente este estrangeiro voltou para louvar a Deus?

E Jesus disse a ele:

— Levante-se e vá. Você está curado porque teve fé.

(LUCAS 17:11-19)

Mas em meio a tudo isso, o que nos chama atenção neste texto escrito pelo Apóstolo Lucas foi a **ingratidão** da maioria dos que foram curados da lepra naquele dia, pois apenas um voltou agradecendo e louvando a Deus e ouviu de Jesus *"Levanta e vá, você está curado porque teve fé"*.

Tenhamos em mente que a ingratidão fecha portas, enquanto a gratidão abre a porta da salvação. Gratidão é um sentimento de reconhecimento por saber que uma pessoa fez uma boa ação, deu um auxílio em favor de outros

Gratidão é uma espécie de dívida, é querer agradecer ao outro por ter feito algo urgente, necessário ou que gostaríamos que acontecesse, sem esperar algo em troca. É algo que faz bem a quem recebe, mas que gera muito mais satisfação àquele que dá.

Em tudo tenho mostrado a vocês que é trabalhando assim que podemos ajudar os necessitados. Lembrem-se das palavras do Senhor Jesus: "É mais feliz quem dá do que quem recebe." (ATOS 20:35).

Deus nos ama tão intensamente, que não nos Castiga como merecemos, no entanto sejamos gratos em tudo.

Ó Senhor Deus, que todo o meu ser te louve! Que eu louve o Santo Deus com todas as minhas forças! Que todo o meu ser louve o Senhor, e que eu não esqueça nenhuma das suas bênçãos! O Senhor perdoa todos os meus pecados e cura todas as minhas doenças; ele me salva da morte e me abençoa com amor e bondade. Ele enche a minha vida com muitas coisas boas, e assim eu continuo jovem e forte como a águia. O Senhor Deus julga a favor dos oprimidos e garante os seus direitos (SALMOS 103:1-6).

Aqueles que caminham com o Senhor e lhe obedecem, tornam-se parecidos com Ele. Davi, assim como aprendeu de Deus, mostrou-se fiel após gerações, quando se lembrou da aliança que fizera com Jônatas, seu melhor amigo, pois a melhor forma de demonstrar amor é amando.

Neste tempo Davi era Rei e certo dia teve a ideia de procurar por alguém da casa de Jônatas e usar de sua benevolência.

Depois de muito investigar descobre que existe sim um filho de Jônatas vivo, Mefibosete, e que este mora de favor na casa de um mendigo chamado Maquir, em Lo-Debar.

Davi acolhe e devolve em vida todos os bens a Mefibosete que tem agora Ziba, seus filhos e servos a seu serviço para trabalhar e prosperar na terra.

Quantos de nós temos estado em Lo-Debar?

Quantos há que podia ter sido alguém?

Mas a vida, os erros de outros ou os seus próprios erros os deixaram coxos ou incomunicáveis.

Mefibosete estava destinado a uma vida privilegiada, mas em um só dia perdeu tudo. Muitos de nós fomos golpeados inesperadamente por circunstâncias trágicas ou inesperadas, porém, o rei está nos chamando para mudar o quadro de derrota.

Sua ama o deixou cair, deixando-o inválido. Às vezes a vida é trágica e não tem explicação que console a alma, outras temos de seguir em frente mesmo sem respostas, quanto aos males do passado ou por horas perdemos tempo escondidos ou ainda procurando culpados e deixamos de avançar rumo à solução de nossas vidas que está nas mãos do Rei Jesus.

Vamos ler esta história em 2 Samuel, capítulo 9, versos 6 a 13:

Quando Mefibosete, filho de Jônatas e neto de Saul, chegou, ele ajoelhou-se e encostou o rosto no chão diante de Davi em sinal de respeito. Davi disse:

— Mefibosete!

— Às suas ordens, senhor! — Respondeu ele.

— Não fique com medo! Disse Davi. — Eu serei bondoso com você por causa de Jônatas, o seu pai. Eu lhe darei de volta todas as terras que pertenciam ao seu avô Saul, e você será sempre bem-vindo à minha mesa.

Mefibosete se curvou novamente e respondeu:

— Eu não valho mais do que um cachorro morto! Por que o senhor é tão bondoso comigo?

Então, o rei chamou Ziba, o empregado de Saul, e disse:

— Eu estou devolvendo a Mefibosete, o neto do seu patrão, tudo o que pertencia a Saul e à sua família.

Você, os seus filhos e os seus empregados cultivarão a terra para a família do seu patrão Saul e farão a colheita para que eles tenham comida. Mas Mefibosete comerá sempre à minha mesa. Ziba tinha quinze filhos e vinte empregados.

Ele respondeu:

— Farei tudo o que o senhor mandar.

Daí em diante Mefibosete passou a comer junto com o rei, como se fosse filho dele. Mefibosete tinha um filho pequeno chamado Mica. Todos os que eram da família de Ziba se tornaram empregados de Mefibosete.

Assim Mefibosete, que era aleijado dos dois pés, ficou morando em Jerusalém e todos os dias comia junto com o rei.

(2 SAMUEL 9:6-13)

Jesus restaura nossa identidade. Assim como aconteceu com Mefibosete, Jesus também quer restaurar nossa autoestima. Como?

Motivando-nos a deixar o medo e oferecendo a sua graça, restaurando a nossa benção material e nos convidando a sentar à sua mesa.

→ O que tem te envergonhado?

→ De que você tem sido privado?

→ Quais são os teus medos?

Não fique paralisado. Adversidade todos tem. Tenha bom ânimo, tenha fé, persevere, seja grato.

Porém, como dizem as Escrituras Sagradas: "O que ninguém nunca viu nem ouviu, e o que jamais alguém pensou que podia acontecer, foi isso o que Deus preparou para aqueles que o amam" (1 CORÍNTIOS 2:9).

QUEM É O SEU DEUS?

A história de Elias e da viúva de Sarepta nos deixa grandes lições, pois tudo começa quando o profeta diz ao Rei Acabe que pelos próximos anos não haverá mais nem orvalho, nem chuva.

Seguindo as orientações de Deus ele se esconde próximo a um riacho, onde por muito tempo é alimentado duas vezes ao dia, com pão e carne. E quem lhe servia? Os corvos. Água ele tinha no riacho, até que este também secou.

Neste momento, por ordem do Senhor ele vai à cidade de Sarepta e procura abrigo na casa de uma viúva que mora com seu filho. Elias a encontra num momento desesperador em que iria preparar a última refeição, devido à escassez e a seca severa que se abatia naquela região. Com muita ousadia, o profeta lhe pede água e que ela lhe prepare um pão. Após esta relatar-lhe a situação desoladora em que se encontrava, vem da boca de Elias a maravilhosa promessa de Deus.

Pois o Senhor, o Deus de Israel, diz isto: "Não acabará a farinha da sua tigela, nem faltará azeite no seu jarro até o dia em que eu, o Senhor fizer cair chuva." (1 REIS 17:14).

Mas como a luta não se apresenta somente uma vez, depois de um tempo seu filho adoece e morre.

Porém, como o profeta ainda morava com aquela família, pegou o menino dos braços da mãe e o levou ao seu quarto que era no andar de cima e o colocou em cima da cama, ao passo que orou em alta voz ao Senhor, deitando-se três vezes sobre o menino, intercedendo também pela mãe, sendo grato pelo tempo que o acolheram.

Então, Deus ouve a sua oração e o responde, o menino torna a respirar e Elias o devolve a sua mãe, dizendo:

— *Veja o seu filho está vivo!*

É neste momento que ela reconhece Elias como um homem de Deus e que Ele fala por meio de seus profetas.

Elias chegou perto do povo e disse:

— Até quando vocês vão ficar em dúvida sobre o que vão fazer? Se o Senhor é Deus, adorem o Senhor; mas, se Baal é Deus, adorem Baal! Porém o povo não respondeu nada (1 REIS 18:21).

Logo após pediu que trouxessem dois touros para o sacrifício, um seria preparado pelos profetas de Baal e o outro preparado por ele ao Senhor.

Depois de horas gritando e se cortando como de costume, não houve resposta de Baal.

Então, Elias conserta o altar ao Senhor, prepara a lenha e os pedaços de carne, logo após pede que coloque bastante água sobre o animal sacrificado e a lenha, isso por três vezes, então clama ao Senhor.

Quando chegou a hora do sacrifício da tarde, o profeta Elias chegou perto do altar e orou assim:

— Ó Senhor, Deus de Abraão, de Isaque e de Jacó! Prova agora que és o Deus de Israel, e que eu sou teu servo, e que fiz tudo isto de acordo com a tua ordem. Responde-me, ó Senhor, responde-me, para que este povo saiba que tu, o Senhor, és Deus e estás trazendo este povo de volta para ti!

Então, o Senhor mandou fogo. E o fogo queimou o sacrifício, a lenha, as pedras, a terra e ainda secou a água que estava na valeta.

Quando viram isso, os israelitas se ajoelharam, encostaram o rosto no chão e gritaram:

— O Senhor é Deus! Só o Senhor é Deus!

Elias ordenou:

— Prendam os profetas de Baal! Não deixem escapar nenhum! Todos foram presos, e Elias fez com que descessem até o riacho de Quisom e ali os matou (1 REIS 18:36-40).

Em seguida, prostrado, pede ao seu ajudante que vá e olhe em direção ao mar e seis vezes ele volta dizendo não ter visto nada, porém na sétima, relata ter visto uma pequena nuvem, então Elias pede que avise ao Rei para voltar depressa a Jezreel.

O poder do Senhor Deus veio sobre Elias; ele apertou o seu cinto e correu na frente de Acabe todo o caminho até Jezreel (1 REIS 18:46).

E assim depois de três anos e meio voltou a chover.

Não espere virem as tempestades e dificuldades sobre a tua vida para ouvir Deus falar com você, procure-o hoje, crie um relacionamento íntimo com Ele.

Quando uma pessoa aceita Jesus, passa a ser um intercessor por sua família.

Temos uma grande promessa do Senhor em nossas vidas que diz: *"Eles responderam*:

— *Creia no Senhor Jesus e você será salvo. Você e as pessoas da sua casa"* (ATOS 16: 31).

ESPERANÇA VIVA

Ele disse:

— Profetize para esses ossos. Diga a esses ossos secos que deem atenção à mensagem do Senhor. Diga que eu, o Senhor Deus, estou lhes dizendo isto: "Eu porei respiração dentro de vocês e os farei viver de novo. Eu lhes darei tendões e músculos e os cobrirei de pele. Porei respiração dentro de vocês e os farei viver de novo. Aí vocês ficarão sabendo que eu sou o Senhor" (EZEQUIEL 37:4-6).

Ezequiel foi agraciado em ver o impossível acontecendo em sua frente, um milagre completo. A nação ali representada era Israel e tudo o que havia acontecido anteriormente era fruto do pecado.

O povo escolhido pelo Senhor o abandonara e se tornara idólatra, dedicando-se também a fazer muitas coisas que o Senhor desaprovava. Como não se arrependeram, não mudaram, por fim vieram a receber o castigo que mereciam.

Porém, diante de tamanha devastação, reconhecem seus erros, no entanto não lhes restam mais esperanças e a escravidão é a sua nova realidade, sentem-se mortos-vivos.

Agora, através de Ezequiel podemos vislumbrar a promessa da restauração de uma esperança viva. Então, o Senhor promete restaurar o povo de Israel com o seu Espírito e levá-los de volta para sua terra. Logo, a morte, a devastação e a ruína seriam transformadas em vida plena e abundante.

Porei a minha respiração neles, e os farei viver novamente, e os deixarei morar na sua própria terra. Aí ficarão sabendo que eu sou o Senhor. Prometi que faria isso e farei. Eu, o Senhor, falei.

(EZEQUIEL 37: 14)

→ Em qual cenário você se encontra hoje?

→ Pensa em desistir?

→ Jogar tudo para o alto?

→ Não vê saída?

→ Sente-se impotente?

→ Incapaz?

→ Quer morrer?

Deus te oferece esperança. Ele quer fazer o impossível acontecer na tua vida, na tua casa, na tua família.

→ Há algo de que precisa se arrepender?

→ Algum pecado não confessado?

Basta apenas você crer e profetizar a mudança necessária, pois há poder na palavra e no nome de Jesus. Rejeite toda ação contrária, toda palavra de maldição e morte e comece a viver o novo de Deus.

Portanto, confessem os seus pecados uns aos outros e façam oração uns pelos outros, para que vocês sejam curados. A oração de uma pessoa obediente a Deus tem muito poder. O profeta Elias era um ser humano como nós. Ele orou com fervor para que não chovesse, e durante três anos e meio não choveu sobre a terra. Depois orou outra vez, e então choveu, e a terra deu a sua colheita.

Meus irmãos, se algum de vocês se desviar da verdade, e outro o fizer voltar para o bom caminho, lembrem-se disto: quem fizer um pecador voltar do seu mau caminho salvará da morte esse pecador e fará com que muitos pecados sejam perdoados (TIAGO 5: 16-20).

Volte-se para o Senhor de todo o teu coração, crendo que Jesus é o único e suficiente Salvador, pois Ele tem poder para restaurar tudo em tua vida e transformar maldição em benção, morte em vida. Nem sempre será de imediato.

Tudo neste mundo tem o seu tempo; cada coisa tem a sua ocasião.

(ECLESIASTES 3:1)

Eu, Pedro, apóstolo de Jesus Cristo, escrevo esta carta ao povo de Deus que vive espalhado nas províncias do Ponto, Galácia, Capadócia, Ásia e Bitínia. Vocês foram escolhidos de acordo com o propósito de Deus, o Pai. E pelo Espírito de Deus vocês foram feitos um povo dedicado a ele a fim de obedecerem a Jesus Cristo e ficarem purificados pelo seu sangue. Que vocês tenham, mais e mais, a graça e a paz de Deus! Louvemos ao Deus e Pai do nosso Senhor Jesus Cristo! Por causa da sua grande misericórdia, ele nos deu uma nova vida pela ressurreição de Jesus Cristo. Por isso o nosso coração está cheio de uma esperança viva (1ª PEDRO 1:1-3).

O apóstolo João, no capítulo 11:1-44, nos conta a história da ressurreição de Lázaro:

Um homem chamado Lázaro estava doente. Ele era do povoado de Betânia, onde Maria e a sua irmã Marta moravam (esta Maria era a mesma que pôs perfume nos pés do Senhor Jesus e os enxugou com os seus cabelos. Era o irmão dela, Lázaro, que estava doente).

As duas irmãs mandaram dizer a Jesus:

— Senhor, o seu querido amigo Lázaro está doente!

Quando Jesus recebeu a notícia, disse:

— O resultado final dessa doença não será a morte de Lázaro. Isso está acontecendo para que Deus revele o seu poder glorioso; e assim, por causa dessa doença, a natureza divina do Filho de Deus será revelada.

Jesus amava muito Marta, e a sua irmã, e também Lázaro. Porém quando soube que Lázaro estava doente, ainda ficou dois dias onde estava. Então, disse aos seus discípulos:

— Vamos voltar para a Judeia.

Mas eles disseram:

— Mestre, faz tão pouco tempo que o povo de lá queria matá-lo a pedradas, e o senhor quer voltar? Jesus respondeu:

— Por acaso o dia não tem doze horas? Se alguém anda de dia não tropeça porque vê a luz deste mundo. Mas, se anda de noite, tropeça porque nele não existe luz.

Jesus disse isso e depois continuou:

— O nosso amigo Lázaro está dormindo, mas eu vou lá acordá-lo. — Senhor, se ele está dormindo, isso quer dizer que vai ficar bom! Disseram eles. Mas o que Jesus queria dizer era que Lázaro estava morto. Porém eles pensavam que ele estivesse falando do sono natural.

Então, Jesus disse claramente:

— Lázaro morreu, mas eu estou alegre por não ter estado lá com ele, pois assim vocês vão crer. Vamos até a casa dele. Então, Tomé, chamado "o Gêmeo", disse aos outros discípulos:

— Vamos nós também a fim de morrer com o Mestre!

Quando Jesus chegou, já fazia quatro dias que Lázaro havia sido sepultado. Betânia ficava a menos de três quilômetros de Jerusalém, e muitas pessoas tinham vindo visitar Marta e Maria para as consolarem por causa da morte do irmão.

Quando Marta soube que Jesus estava chegando, foi encontrar-se com ele. Porém Maria ficou sentada em casa. Então, Marta disse a Jesus:

— Se o senhor estivesse aqui, o meu irmão não teria morrido! Mas eu sei que, mesmo assim, Deus lhe dará tudo o que o senhor pedir a ele.

— O seu irmão vai ressuscitar! — Disse Jesus.

Marta respondeu:

— Eu sei que ele vai ressuscitar no último dia!

Então, Jesus afirmou:

— Eu sou a ressurreição e a vida. Quem crê em mim, ainda que morra, viverá; e quem vive e crê em mim nunca morrerá. Você acredita nisso?

— Sim, senhor! — Disse ela.

— Eu creio que o senhor é o Messias, o Filho de Deus, que devia vir ao mundo.

Depois de dizer isso, Marta foi, chamou Maria, a sua irmã, e lhe disse em particular:

— O Mestre chegou e está chamando você. Quando Maria ouviu isso, levantou-se depressa e foi encontrar-se com Jesus. Pois ele não tinha chegado ao povoado, mas ainda estava no lugar onde Marta o havia encontrado. As pessoas que estavam na casa com Maria, consolando-a, viram que ela se levantou e saiu depressa. Então, foram atrás dela, pois pensavam que ela ia ao túmulo para chorar ali.

Maria chegou ao lugar onde Jesus estava e logo que o viu caiu aos pés dele e disse:

— Se o senhor tivesse estado aqui, o meu irmão não teria morrido! Jesus viu Maria chorando e viu as pessoas que estavam com ela chorando também.

Então, ficou muito comovido e aflito e perguntou:

— Onde foi que vocês o sepultaram?

— Venha ver, senhor! — Responderam.

Jesus chorou.

Então, as pessoas disseram:

— Vejam como ele amava Lázaro!

Mas algumas delas disseram:

— Ele curou o cego. Será que não poderia ter feito alguma coisa para que Lázaro não morresse? Jesus ficou outra vez muito comovido. Ele foi até o túmulo, que era uma gruta com uma pedra colocada na entrada, e ordenou:

— Tirem a pedra!

Marta, a irmã do morto, disse:

— Senhor, ele está cheirando mal, pois já faz quatro dias que foi sepultado! Jesus respondeu:

— Eu não lhe disse que, se você crer, você verá a revelação do poder glorioso de Deus?

Então, tiraram a pedra. Jesus olhou para o céu e disse:

— Pai, eu te agradeço porque me ouviste. Eu sei que sempre me ouves; mas eu estou dizendo isso por causa de toda esta gente que está aqui, para que eles creiam que tu me enviaste. Depois de dizer isso, gritou:

— Lázaro! Venha para fora!

E o morto saiu. Os seus pés e as suas mãos estavam enfaixados com tiras de pano, e o seu rosto estava enrolado com um pano.

Então, Jesus disse:

— Desenrolem as faixas e deixem que ele vá.

(JOÃO 11:1-44)

O fato de servir a Deus não nos isenta de sofrer todo tipo de provação, dificuldade, tribulação, problema, doença, dor ou aflição.

Também não nos dá o direito de acharmos que Deus se esqueceu de nós ou que nos abandonou.

É no momento da adversidade sim, que precisamos buscar a pessoa certa, Jesus Cristo, pois independente dos problemas que possam estar abalando nossas vidas, eles não são para nos destruir, e sim, para que seja manifesta a glória e o poder de Deus.

O amor de Deus por cada um de nós é imenso, e é claro, Ele se importa e se compadece da nossa dor, porém, age no tempo d'Ele e o Seu tempo é perfeito.

Quando vem em nosso favor não há nada nem ninguém que possa impedir.

É notório que muitas vezes não entendemos o que Deus quer nos dizer e acabamos por olhar e pensar em muitas possibilidades, nos esquecendo de que Ele pode todas as coisas.

Basta apenas que sigamos ao seu encontro, pois Ele tem sempre a palavra certa para nos repreender e exortar com amor.

Deus se importa conosco e observa-nos, tem interesse sim em saber onde está o nosso problema, ele está com cada um de nós independente dos comentários que possam existir acerca da nossa situação.

Para que haja um milagre em nossa vida, muitas vezes precisamos remover alguns obstáculos, empecilhos, demonstrar fé, obedecer, nos esforçar e jogar por terra toda incredulidade, pois para Deus operar um milagre, basta apenas uma palavra, uma ordem.

FAÇA O CERTO DA FORMA CERTA, COM A MOTIVAÇÃO CORRETA

Filipe era um dos sete diáconos selecionados para servir na igreja de Jerusalém, conforme Atos 6: 5, onde está escrito: *"Todos concordaram com a proposta dos apóstolos. Então, escolheram Estêvão, um homem cheio de fé e do Espírito Santo, e também Filipe, Prócoro, Nicanor, Timom, Pármenas e Nicolau de Antioquia, um não judeu que antes tinha se convertido ao Judaísmo".*

Quando ouve a grande perseguição e os seguidores de Cristo foram espalhados, ele se tornou um grande evangelista em Samaria onde o Senhor o usou com grande poder, como podemos encontrar no livro de Atos 8:9-11: Morava ali um homem chamado Simão, que desde algum tempo atrás fazia feitiçaria entre os samaritanos e os havia deixado muito admirados. Ele se fazia de importante, e os moradores de Samaria, desde os mais importantes até os mais humildes, escutavam com muita atenção o que ele dizia. Eles afirmavam:

— Este homem é o poder de Deus! Ele é "o Grande Poder"! Eles davam atenção ao que Simão fazia porque durante muito tempo ele os havia deixado assombrados com as suas feitiçarias (ATOS 8:9-11).

Na passagem em questão nos deparamos com um grande influenciador e praticante assíduo da feitiçaria, sendo seguido por muitos, os enganava pelos olhos, pois era hábil e inovador. Fazia o mal bem feito.

Assim que Filipe chega à cidade e começa a proclamar as boas novas do Reino de Deus e do nome de Jesus Cristo, muitos são batizados, inclusive Simão, que maravilhado passa a acompanhar Filipe que realizava grandes milagres e sinais.

Mas eles acreditaram na mensagem de Filipe a respeito da boa notícia do Reino de Deus e a respeito de Jesus Cristo e foram batizados, tanto homens como mulheres. O próprio Simão também creu. E, depois de ser batizado, acompanhava Filipe de perto, muito admirado com os grandes milagres e maravilhas que ele fazia.

Os apóstolos, que estavam em Jerusalém, ficaram sabendo que o povo de Samaria também havia recebido a palavra de Deus e por isso mandaram Pedro e João para lá.

Quando os dois chegaram, oraram para que a gente de Samaria recebesse o Espírito Santo, pois o Espírito ainda não tinha descido sobre nenhum deles. Eles apenas haviam sido batizados em nome do Senhor Jesus.

Aí Pedro e João puseram as mãos sobre eles, e assim eles receberam o Espírito Santo.

Simão viu que, quando os apóstolos punham as mãos sobre as pessoas, Deus dava a elas o Espírito Santo. Por isso ofereceu dinheiro a Pedro e a João, dizendo:

— Quero que vocês me deem também esse poder. Assim, quando eu puser as mãos sobre alguém, essa pessoa receberá o Espírito Santo (ATOS 8: 12-19).

Ao ver o derramar do Espírito Santo naquele lugar e que as pessoas de fato recebiam poder, Simão sente grande tristeza e amargura e começa a se questionar:

— Que faço para recuperar o prestígio e atenção de todos?

E então, de maneira totalmente equivocada busca a unção com a motivação errada e se apresentando aos apóstolos, oferece-lhes dinheiro para adquirir esse poder.

Simão estava buscando reconhecimento e fama apenas para atender seus desejos pessoais e carnais, pois não entendia que salvação requer mudança de coração.

Que devemos buscar a unção Porque sem ela estamos perdidos, porque com ela temos vida. Neste momento ele queria fazer o bem, porém de maneira errada.

Para melhor compreensão, vamos ler os textos a seguir:

Não façam nada por interesse pessoal ou por desejos tolos de receber elogios; mas sejam humildes e considerem os outros superiores a vocês mesmos (FILIPENSES 2:3).

É verdade que alguns deles anunciam Cristo porque são ciumentos e briguentos; mas outros anunciam com boas intenções. Estes fazem isso por amor, pois sabem que Deus me deu o trabalho de defender o evangelho. Os outros não anunciam Cristo com sinceridade, mas por interesse pessoal. Eles pensam que assim aumentarão os meus sofrimentos enquanto estou na cadeia. Mas isso não tem importância. O que importa é que Cristo está sendo anunciado, seja por maus ou por bons motivos. Por isso estou alegre e vou continuar assim (FILIPENSES 1: 15-18).

Então, Pedro respondeu:

— Que Deus mande você e o seu dinheiro para o inferno! Você pensa que pode conseguir com dinheiro o dom de Deus? Você não tem direito de tomar parte no nosso trabalho porque o seu coração não é honesto diante de Deus. Arrependa-se, deixe o seu plano perverso e peça ao Senhor que o perdoe por essa má intenção. Vejo que você está cheio de inveja, uma inveja amarga como fel, e vejo também que você está preso pelo pecado (ATOS 8: 20-23).

Precisamos remover o orgulho de nossas vidas. Arrancar todo falso cristianismo, pois nada permanece encoberto diante de Deus.

Pois a palavra de Deus é viva e poderosa e corta mais do que qualquer espada afiada dos dois lados. Ela vai até o lugar mais fundo da alma e do espírito, vai até o íntimo das pessoas e julga os desejos e pensamentos do coração delas. Não há nada que se possa esconder de Deus. Em toda a criação, tudo está descoberto e aberto diante dos seus olhos, e é a ele que todos nós teremos de prestar contas (HEBREUS 4:12-13).

Se antes fazíamos o mal bem feito, agora devemos praticar o bem com excelência, servir com alegria, fazer mais e melhor para Deus e com a atitude e motivação correta imitar Jesus fazendo bem, bem feito.

O que vocês fizerem façam de todo o coração, como se estivessem servindo o Senhor e não as pessoas (COLOSSENSES 3: 23).

E todas as pessoas que o ouviam ficavam muito admiradas e diziam:

— Tudo o que faz ele faz bem; ele até mesmo faz com que os surdos ouçam e os mudos falem! (MARCOS 7: 37).

SER CRISTÃO É VIVER COM ATITUDE E FÉ

Muitas pessoas vão às igrejas, frequentam todos os cultos, oram, levantam as mãos, dão glórias a Deus, porém sentem-se vazias, pois cumprem apenas rituais religiosos e este cotidiano pode se arrastar por muitos anos e elas nem se dão conta que não estão fazendo nada para crescer espiritualmente.

Levam uma vida frustrada, mesmo dentro da igreja, pois conhecem Deus apenas de ouvir falar, escutam as experiências e os testemunhos de vitória dos demais, enquanto que ela mesma não tem nada para contar, nenhuma experiência íntima com o Senhor.

...e conhecerão a verdade, e a verdade os libertará (João 8: 32).

Quando o conhecimento da verdade não vem acompanhado de atitude, posicionamento correto, prática da palavra e uma fé ativa, não passa apenas de mera aceitação intelectual de verdades divinas.

Ainda que você tenha feito grandes coisas para o Senhor, abençoado muitas pessoas e curado tantas outras, mas a intenção do teu coração não estiver alinhada com a vontade do Pai, teus caminhos não prosperarão.

A gratidão e a consciência do infinito amor que Deus demonstrou por cada um de nós, entregando seu filho Jesus Cristo para morrer na cruz, nos instigam e nos motiva a vivermos dia após dia seguindo a Ele com alegria e excelência.

Vejamos, a seguir, o exemplo do chamado dos primeiros discípulos.

Certo dia Jesus estava na praia do lago da Galileia, e a multidão se apertava em volta dele para ouvir a mensagem de Deus. Ele viu dois barcos no lago, perto da praia. Os pescadores tinham saído deles e estavam lavando as redes.

Jesus entrou num dos barcos, o de Simão, e pediu que ele o afastasse um pouco da praia. Então, sentou-se e começou a ensinar a multidão. Quando acabou de falar, Jesus disse a Simão:

— Leve o barco para um lugar onde o lago é bem fundo. E então você e os seus companheiros joguem as redes para pescar.

Simão respondeu:

— Mestre, nós trabalhamos a noite toda e não pescamos nada. Mas, já que o senhor está mandando jogar as redes, eu vou obedecer.

Quando eles jogaram as redes na água, pescaram tanto peixe, que as redes estavam se rebentando. Então, fizeram um sinal para os companheiros que estavam no outro barco a fim de que viessem ajudá-los. Eles foram e encheram os dois barcos com tanto peixe, que os barcos quase afundaram.

Quando Simão Pedro viu o que havia acontecido, ajoelhou-se diante de Jesus e disse:

— Senhor! Afaste-se de mim, pois eu sou um pecador! Simão e os outros que estavam com eles ficaram admirados com a quantidade de peixes que haviam apanhado. Tiago e João, filhos de Zebedeu, que eram companheiros de Simão, também ficaram muito admirados.

Então, Jesus disse a Simão:

— Não tenha medo! De agora em diante você vai pescar gente.

Eles arrastaram os barcos para a praia, deixaram tudo e seguiram Jesus.

(LUCAS 5:1-11)

Assim começava a crescer e se fortalecer o ministério de Jesus, ensinando nas sinagogas, pregando o evangelho do Reino e curando as enfermidades, porém ainda não era muito conhecido.

Então, o que motivou estes homens a largarem tudo e seguir Jesus?

Jesus conhecia a necessidade do povo, ensinava-lhes a respeito do Reino, o lugar que estava preparado para aqueles que cressem em sua mensagem.

Estes homens eram hábeis pescadores, homens experimentados, e como era de se esperar, nem todos os dias são bons. E, aquele seria um dia de grande frustração, caso Jesus não aparecesse por lá. O que vivenciaram naquele dia mudaria por completo suas vidas e sem pestanejar aceitaram o convite do Mestre.

Largaram as embarcações e as redes (suas ferramentas de trabalho), deixaram para trás os peixes (a colheita e pagamento pelo seu trabalho), abandonaram esta profissão (que trazia o sustento para sua família), deixaram para trás parentes, clientes e amigos. Aceitaram uma nova função, Pescadores de Homens, tornando-se assim cooperadores do Reino de Deus.

Precisamos ter em mente que nem todo dia é dia de peixe e que nem todo dia é dia de rede cheia. Você está correndo demais? Ainda não conseguiu perceber esta verdade?

Pare um pouquinho e reflita agora:

Os barcos estavam cheios, era o dia de maior faturamento daqueles homens. Antes, qual era o problema deles? Falta de peixe.

E o seu? Por que ainda não faz a obra? Ainda não compreendeu ou não aceitou seu chamado? Faltam-lhe condições? Qual é a sua desculpa? E qual será a sua próxima desculpa?

O Reino dos céus quer você. Quer fazer de ti pescador de homens.

Aí Pedro disse:

— Veja! Nós deixamos tudo e seguimos o senhor. Jesus respondeu:

— Eu afirmo a vocês que isto é verdade: aquele que, por causa de mim e do Evangelho, deixar casa, irmãos, irmãs, mãe, pai, filhos ou terras receberá muito mais, ainda nesta vida. Receberá cem vezes mais casas, irmãos, irmãs, mães, filhos, terras e também perseguições. E no futuro receberá a vida eterna (MARCOS 10:28-30).

Agora vamos nos concentrar, imaginar e refletir sobre o que Pedro perderia se tivesse escolhido ficar com os peixes ao invés de seguir a Jesus, por dúvida ou por medo:

1. **Pedro, se não tivesse seguido a Jesus, nunca teria andado sobre as águas.**

— Venha! — Respondeu Jesus. Pedro saiu do barco e começou a andar em cima da água, em direção a Jesus (MATEUS 14:29).

2. **Pedro, se não tivesse seguido a Jesus, não teria visto Lázaro saindo do túmulo.**

Eu sei que sempre me ouves; mas eu estou dizendo isso por causa de toda esta gente que está aqui, para que eles creiam que tu me enviaste. Depois de dizer isso, gritou:

— Lázaro! Venha para fora! E o morto saiu. Os seus pés e as suas mãos estavam enfaixados com tiras de pano, e o seu rosto estava enrolado com um pano. Então, Jesus disse:

— Desenrolem as faixas e deixem que ele vá (JOÃO 11: 42-44).

3. **Não teria entrado na casa de Jairo para presenciar a cura de sua filha.**

Então, eles começaram a caçoar dele. Mas Jesus mandou que todos saíssem e, junto com os três discípulos e os pais da menina, entraram no quarto onde ela estava. Pegou-a pela mão e disse:

— "Talitá cumi!" (Isto quer dizer: "Menina, eu digo a você: Levante-se!"). No mesmo instante, a menina, que tinha doze anos, levantou-se e começou a andar. E todos ficaram muito admirados (MARCOS 5: 40-42).

4. **Pedro, se não tivesse seguido a Jesus, não estaria presente quando houve a multiplicação de cinco pães e dois peixes que alimentariam cerca de quinze mil pessoas.**

Então, um dos discípulos, André, irmão de Simão Pedro, disse:

— Está aqui um menino que tem cinco pães de cevada e dois peixinhos. Mas o que é isso para tanta gente? Jesus disse:

— Digam a todos que se sentem no chão. Então, todos se sentaram. (Havia muita grama naquele lugar). Estavam ali quase cinco mil homens. Em seguida Jesus pegou os pães, deu graças a Deus e os repartiu com todos; e fez o mesmo com os peixes. E todos comeram à vontade. Quando já estavam satisfeitos, ele disse aos discípulos:

— Recolham os pedaços que sobraram a fim de que não se perca nada. Eles ajuntaram os pedaços e encheram doze cestos com o que sobrou dos cinco pães. Os que viram esse milagre de Jesus disseram:

— De fato, este é o Profeta que devia vir ao mundo! (JOÃO 6:8-14).

5. **Pedro, se não tivesse seguido a Jesus, não teria presenciado o episódio da transfiguração de Jesus.**

Seis dias depois, Jesus foi para um monte alto, levando consigo somente Pedro e os irmãos Tiago e João. Ali, eles viram a aparência de Jesus mudar: o seu rosto ficou brilhante como o sol, e as suas roupas ficaram brancas como a luz. E os três discípulos viram Moisés e Elias conversando com Jesus. Então, Pedro disse a Jesus:

— Como é bom estarmos aqui, Senhor! Se o senhor quiser, eu armarei três barracas neste lugar: uma para o senhor, outra para Moisés e outra para Elias. Enquanto Pedro estava falando, uma nuvem brilhante os cobriu, e dela veio uma voz, que disse:

— Este é o meu Filho querido, que me dá muita alegria. Escutem o que ele diz! Quando os discípulos ouviram a voz, ficaram com tanto medo, que se ajoelharam e encostaram o rosto no chão. Jesus veio, tocou neles e disse:

— Levantem-se e não tenham medo! Então, eles olharam em volta e não viram ninguém, a não ser Jesus (MATEUS 17:1-8).

Neste contexto, entendemos que Moisés representa a Lei e Elias representa os Profetas.

6. Pedro, se não tivesse seguido a Jesus, não teria participado da organização da Santa Ceia em Jerusalém.

Então, Jesus deu a Pedro e a João a seguinte ordem:

— Vão e preparem para nós o jantar da Páscoa (LUCAS 22:8).

7. Pedro, se não tivesse seguido a Jesus, sua mensagem não seria a manifestação da Glória de Deus para curar, libertar e salvar milhares de vidas.

Por causa dos milagres que os apóstolos faziam, as pessoas punham os doentes nas ruas, em camas e esteiras. Faziam isso para que, quando Pedro passasse, pelo menos a sua sombra cobrisse alguns deles. Multidões vinham das cidades vizinhas de Jerusalém trazendo os seus doentes e os que eram dominados por espíritos maus, e todos eram curados (ATOS 5: 15-16).

Certo dia, de tarde, Pedro e João estavam indo ao Templo para a oração das três horas. Estava ali um homem que tinha nascido coxo.

Todos os dias ele era levado para um dos portões do Templo, chamado "Portão Formoso", a fim de pedir esmolas às pessoas que entravam no pátio do Templo.

Quando o coxo viu Pedro e João entrando, pediu uma esmola.

Eles olharam firmemente para ele, e Pedro disse:

— Olhe para nós!

O homem olhou para eles, esperando receber alguma coisa.

Então, Pedro disse:

— Não tenho nenhum dinheiro, mas o que tenho eu lhe dou: pelo poder do nome de Jesus Cristo, de Nazaré, levante-se e ande.

Em seguida Pedro pegou a mão direita do homem e o ajudou a se levantar. No mesmo instante os pés e os tornozelos dele ficaram firmes.

Então, ele deu um pulo, ficou de pé e começou a andar. Depois entrou no pátio do Templo com eles, andando, pulando e agradecendo a Deus.

Toda a multidão viu o homem pulando e louvando a Deus. Quando perceberam que aquele era o mendigo que ficava sentado perto do Portão Formoso do Templo, ficaram admirados e espantados com o que havia acontecido (ATOS 3:1-10).

8. Não se tornaria instrumento de Deus para a igreja.

Jesus afirmou:

— Simão, filho de João, você é feliz porque esta verdade não foi revelada a você por nenhum ser humano, mas veio diretamente do meu Pai, que está no céu.

Portanto, eu lhe digo:

Você é Pedro, e sobre esta pedra construirei a minha Igreja, e nem a morte poderá vencê-la.

Eu lhe darei as chaves do Reino do Céu; o que você proibir na terra será proibido no céu, e o que permitir na terra será permitido no céu.

(MATEUS 16: 17-19)

9. Não seria o pastor designado por Jesus para cuidar de suas ovelhas (a cura pelo confronto).

Quando eles acabaram de comer, Jesus perguntou a Simão Pedro:

— Simão, filho de João, você me ama mais do que estes outros me amam?

— Sim, o senhor sabe que eu o amo, Senhor! — Respondeu ele.

Então, Jesus lhe disse:

— Tome conta das minhas ovelhas!

E perguntou pela segunda vez: — Simão, filho de João, você me ama? Pedro respondeu:

— Sim, o senhor sabe que eu o amo, Senhor! E Jesus lhe disse outra vez:

— Tome conta das minhas ovelhas!

E perguntou pela terceira vez:

— Simão, filho de João, você me ama? Então, Pedro ficou triste por Jesus ter perguntado três vezes: "Você me ama?". E respondeu:

— O senhor sabe tudo e sabe que eu o amo, Senhor!

E Jesus ordenou:

— Tome conta das minhas ovelhas.

(JOÃO 21: 15-17)

E tantos outros exemplos e passagens há na Bíblia sobre os chamados de Deus e as consequentes bênçãos quando se diz SIM.

→ E você, ama Jesus?

→ Quer dizer SIM a Ele?

→ Organize suas prioridades e deixe Jesus conduzir sua vida.

O ENCONTRO QUE PODE MUDAR SUA VIDA

Zaqueu era um homem de alta posição social, cultural, material e financeira. Porém, odiado por sua própria nação devido ao seu trabalho que era cobrar impostos para Roma.

Nota-se que ele vivia um grande vazio existencial, pois suas posses não satisfaziam a fome e a sede de sua alma.

Sabendo da passagem de Jesus por aquele local, surgiu a oportunidade de vê-lo. Porém, teria que vencer desafios e quebrar barreiras para que isso acontecesse.

Primeiramente ele venceu a multidão, pois procurava ver quem era Jesus, mas não podia, por causa da multidão e por ele ser de baixa estatura. Segundo, ele venceu os problemas pessoais, correndo adiante e subindo em uma árvore a fim de vê-lo, pois por ali havia de passar. Por fim, venceu a rejeição, porque todos que viram isso murmuraram dizendo que Jesus se hospedara na casa de um pecador.

Quando Jesus chegou àquele lugar, olhou para cima e disse a Zaqueu:

— Zaqueu desça depressa, pois hoje preciso ficar na sua casa. Zaqueu desceu depressa e o recebeu na sua casa, com muita alegria. Todos os que viram isso começaram a resmungar:

— Este homem foi se hospedar na casa de um pecador! Zaqueu se levantou e disse ao Senhor:

— Escute Senhor, eu vou dar a metade dos meus bens aos pobres. E, se roubei alguém, vou devolver quatro vezes mais. Então, Jesus disse:

— Hoje a salvação entrou nesta casa, pois este homem também é descendente de Abraão. Porque o Filho do Homem veio buscar e salvar quem está perdido (LUCAS 19:5-10).

Precisamos aprender a enfrentar as situações que se levantam e nos impedem de irmos a Jesus.

→ Você tem algum problema pessoal?

→ Não se acha digno de se chegar à presença do Pai?

→ Tem sido criticado por seu amor a Jesus?

Vença as críticas e a oposição, não deixe que nada roube a sua fé, que nenhuma palavra possa trazer derrota, destruição ou fracasso para sua vida.

Precisamos amar sim, todas as pessoas, mas não permitir que pela sua companhia ou conduta, vejamos os projetos de Deus morrer estando em nossas mãos.

Como Zaqueu, seja uma pessoa de atitude, não se importe com o desprezo das pessoas, receba e acolha Jesus com alegria, tenha uma atitude de arrependimento, opte por restituir a quem quer que tenha prejudicado e tenha uma mudança significativa de vida.

Jesus quer entrar na tua vida, morar no teu coração, independente do que pensam e falam a teu respeito. Não desista diante dos primeiros obstáculos, abandone e tire do teu coração tudo o que te afasta de Deus. Deixe Jesus organizar a tua casa, retirar os entulhos, limpar a sujeira e colocar as coisas no lugar.

Sente-se pequeno diante dos problemas que tem se levantado para te derrubar? Tenha coragem de convidar Jesus para fazer morada em seu coração.

Escutem! Eu estou à porta e bato. Se alguém ouvir a minha voz e abrir a porta, eu entrarei na sua casa, e nós jantaremos juntos.

(APOCALIPSE 3: 20)

COMPAIXÃO PELOS QUE SOFREM

Sentimento de pesar, de tristeza, causados pela tragédia alheia e que desperta a vontade de ajudar, de confortar quem dela padece. A atitude do nosso personagem Neemias foi esta, em relação ao povo de Israel quando soube o que havia acontecido, conforme relatos a seguir:

Hanani, um dos meus irmãos, chegou de Judá com um grupo de outros judeus. Então, eu pedi notícias da cidade de Jerusalém e dos judeus que haviam voltado do cativeiro na Babilônia.

Eles me contaram que aqueles que não tinham morrido e haviam voltado para a província de Judá estavam passando por grandes dificuldades. Contaram também que os estrangeiros que moravam ali por perto os desprezavam.

Disseram, finalmente, que as muralhas de Jerusalém ainda estavam caídas e que os portões que haviam sido queimados ainda não tinham sido consertados. Quando ouvi isso, eu me sentei e chorei. Durante alguns dias, eu fiquei chorando e não comi nada. E fiz a Deus esta oração:

— Ó Senhor, Deus do céu, tu és grande, e nós te tememos! Tu és fiel e guardas a tua aliança com aqueles que te amam e obedecem aos teus mandamentos. Olha para mim, ó Deus, e ouve as orações que faço dia e noite em favor dos teus servos, o povo de Israel.

Eu confesso que nós, o povo de Israel, temos pecado. Os meus antepassados e eu temos pecado. Com os nossos atos, temos pecado contra ti e não temos obedecido aos teus mandamentos.

Não temos obedecido às leis que nos deste por meio de Moisés, teu servo. Lembra agora do que disseste a ele:

"Se vocês, ó povo de Israel, forem infiéis a mim, eu os espalharei entre as outras nações. Mas, se depois disso, vocês voltarem para mim e obedecerem aos meus mandamentos, eu os trarei de volta para o lugar que escolhi para ali ser adorado, mesmo que vocês estejam espalhados pelos fins da terra.".

— Senhor, estes são teus servos, o teu povo. Tu os livraste do cativeiro com o teu grande poder e com a tua força. Ouve agora a minha oração e as orações de todos os outros teus servos que têm prazer em te adorar. Faze com que eu tenha sucesso hoje e que o rei seja bondoso comigo. Nesse tempo eu estava encarregado de servir vinho ao rei.

(NEEMIAS 1:2-11)

Sua primeira atitude foi orar, interceder pela sua cidade, pelo seu povo, pois compadecido olhava para as condições do povo de Israel. Neemias se lembrou das palavras do próprio Senhor para entender aquela situação E confessou seus pecados e os de seu povo, pedindo a intervenção de Deus.

Nós não podemos nos demorar em nos quebrantar, orar, lembrar as palavras de Deus e pedir sua intervenção, este deve ser sempre o nosso plano "A".

O que vou contar aconteceu quatro meses mais tarde, no vigésimo ano do reinado de Artaxerxes. Um dia, quando o rei estava jantando, eu peguei vinho e o servi. O rei nunca me havia visto triste e por isso perguntou:

— Por que você está triste? Você não está doente; portanto, deve estar se sentindo infeliz.

Então, eu fiquei com muito medo e respondi:

— Que o rei viva para sempre! Como posso deixar de parecer triste, quando a cidade onde os meus antepassados estão sepultados está em ruínas, e os seus portões estão queimados?

O rei perguntou:

— O que é que você quer?

Eu orei ao Deus do céu e depois disse ao rei:

— Se o senhor está contente comigo e quiser atender um pedido meu, deixe que eu vá para a terra de Judá a fim de reconstruir a cidade onde os meus antepassados estão sepultados.

Aí o rei, tendo a rainha sentada ao seu lado, concordou com o meu pedido. Ele perguntou quanto tempo eu ficaria fora e quando voltaria. E eu disse.

Então, pedi ao rei um favor: que me desse cartas para os governadores da província do Eufrates-Oeste, com instruções para que me deixassem passar até chegar à região de Judá.

(NEEMIAS 2:1-7)

A oração era uma prática constante na vida de Neemias e direcionava as suas ações, pois, entre uma pergunta e uma resposta ele orava. Com a direção de Deus ele foi usado em pedir favores ao Rei. Pois o bom relacionamento e a integridade norteavam esta amizade. Lembrando sempre, oração e ação andam juntas.

O rei acabou disponibilizando todo o material de que ele necessitava para a reconstrução. Assim que chegou a Jerusalém examinou tudo e por três dias não disse nada a ninguém, quanto ao que pensava fazer pela cidade.

Mas aí eu lhes disse:

— Vejam como é difícil a nossa situação! A cidade de Jerusalém está em ruínas, e os seus portões foram destruídos. Vamos construir de novo as muralhas da cidade e acabar com essa vergonha. Então, contei a eles como Deus havia me abençoado e me ajudado. E também contei o que o rei me tinha dito.

Eles disseram:

— Vamos começar a reconstrução! E se aprontaram para começar o trabalho. Porém Sambalate, Tobias e um árabe chamado Gesém souberam do que estávamos fazendo. Eles começaram a rir e a caçoar de nós.

E disseram:

— O que é que vocês estão fazendo? Vocês vão se revoltar contra o rei? Eu respondi:

— O Deus do céu nos dará sucesso. Nós somos servos dele e vamos começar a construir. Mas vocês não podem ser donos de nenhuma propriedade em Jerusalém, não têm nenhum direito de cidadãos e não têm nenhuma parte nas tradições religiosas do povo de Israel.

(NEEMIAS 2: 17-20)

Quando nos posicionamos como Neemias, não precisamos divulgar aos outros, o que estamos fazendo, devemos apenas ficar firmes orando e buscando a direção de Deus, para que nada nos desvie do propósito.

Sem a ajuda de Deus, era impossível reconstruir os muros de Jerusalém, ou conseguir que o Rei Persa aprovasse seus planos (Por que Neemias tinha muitos planos) ou ainda frustrar as tentativas de seus inimigos que queriam sabotar a reconstrução.

Deus está à procura de pessoas dispostas a trabalhar para o seu reino. E você, quem é? Pensa ser uma pessoa com menos poder do que os demais a sua volta e do que os seus inimigos? O todo poderoso quer ser o seu amigo, busque ajuda e orientação n'Ele e seja mais que vencedor.

Em todas essas situações temos a vitória completa por meio daquele que nos amou (ROMANOS 8: 37).

Independente do lugar ou do tempo que você esteja vivendo, abrindo seu coração com fé, humildade e toda sinceridade a Deus, não ficará sem resposta.

Pois ele trata a todos com igualdade (ROMANOS 2: 11).

A graça de Deus está disponível a todos, mas somente os sedentos se apropriam dela.

Porque Deus amou o mundo tanto, que deu o seu único Filho, para que todo aquele que nele crer não morra, mas tenha a vida eterna (JOÃO 3: 16).

Naamã era um general respeitado, porém leproso e certamente sofria preconceito de seus companheiros e o fato de não poder mais ser aceito produzia uma série de sentimentos malignos de ausência e de falta.

Naamã, o comandante do exército da Síria, era muito respeitado e estimado pelo rei do seu país porque, por meio de Naamã, o Senhor Deus tinha dado a vitória ao exército dos sírios. Ele era um soldado valente, mas sofria de uma terrível doença de pele. Num dos seus ataques contra Israel, os sírios haviam levado como prisioneira uma menina israelita, que ficou sendo escrava da mulher de Naamã. Um dia a menina disse à patroa:

— Eu gostaria que o meu patrão fosse falar com o profeta que mora em Samaria, pois ele o curaria da sua doença. Então, Naamã foi falar com o rei e contou o que a menina tinha dito.

(2 REIS 5:1-4)

Esta garota que havia sido capturada em alguma batalha, mesmo vivendo numa condição indesejada não perdeu o amor e a compaixão pelos que sofrem e seu conselho veio a despertar a fé de seu patrão Naamã.

É inquestionável o poder de um testemunho de fé. Todo cristão renascido deve ser uma testemunha fiel de Cristo.

Porém, quando o Espírito Santo descer sobre vocês, vocês receberão poder e serão minhas testemunhas em Jerusalém, em toda a Judeia e Samaria e até nos lugares mais distantes da terra (ATOS 1:8).

Pois, no lugar e na condição em que estivermos, devemos estar disponíveis para falar do amor de Deus. O poder de Deus flui quando falamos de Cristo com ousadia e convicção.

Porque, embora tenha sido crucificado em estado de fraqueza, Cristo vive pelo poder de Deus. Assim nós também, unidos com ele, somos fracos; porém, em nossa convivência com vocês, estaremos ligados com o Cristo vivo e teremos o poder de Deus para agir.

(2 CORÍNTIOS 13:4)

Pois não somos o caminho que é Cristo, mas podemos ser como uma placa indicativa do caminho do céu.

Jesus respondeu:

— Eu sou o caminho, a verdade e a vida; ninguém pode chegar até o Pai a não ser por mim (JOÃO 14:6).

A obediência de Naamã ao profeta Eliseu mesmo que questionada por orgulho e arrogância gerou cura e salvação.

Então, Naamã foi com os seus cavalos e carros e parou na porta da casa de Eliseu. Eliseu mandou que um empregado saísse e dissesse a ele que fosse se lavar sete vezes no rio Jordão, pois assim ficaria completamente curado da sua doença.

Mas Naamã ficou muito zangado e disse:

— Eu pensava que pelo menos o profeta ia sair e falar comigo e que oraria ao Senhor, seu Deus, e que passaria a mão sobre o lugar doente e me curaria! Além disso, por acaso, os rios Abana e Farpar, em Damasco, não são melhores do que qualquer rio da terra de Israel? Será que eu não poderia me lavar neles e ficar curado? E foi embora muito bravo.

Então, os seus empregados foram até o lugar onde ele estava e disseram:

— Se o profeta mandasse o senhor fazer alguma coisa difícil, por acaso, o senhor não faria?

Por que é que o senhor não pode ir se lavar, como ele disse, e ficar curado?

Então, Naamã desceu até o rio Jordão e mergulhou sete vezes, como Eliseu tinha dito. E ficou completamente curado. A sua carne ficou firme e sadia como a de uma criança.

(2 REIS 5:9-14)

Tenhamos em mente sempre, que fama, cultura e riqueza não isentam o homem de sofrer provações de qualquer natureza, e que Deus não está interessado em nossa condição social, mas sim, em nos socorrer no momento do sofrimento e nos salvar da condenação eterna.

DA MORTE PARA VIDA

Dois cortejos se encontram. Num encontrava-se uma viúva, que perdera seu marido, e agora seu único filho estava morto. Sem esperança, levava seu filho para ser sepultado, e em seu íntimo ainda refletia: Quem me sustentará daqui para frente? Algum parente me auxiliará?

Seu futuro tinha todos os ingredientes para ser desesperador, pois logo estaria enterrando sua única razão de viver, sem nenhuma palavra suas lágrimas falavam. Estava inconsolável.

Em meio a estas perdas, seu lamento profundo chega até o coração de Jesus, o Senhor da Vida, que no outro cortejo caminha em meio aos discípulos e grande multidão.

Jesus vê e tem compaixão, Ele não é insensível, não fica indiferente a dor humana, não passa de lado, não se afasta. Neste caso, ninguém lhe pede ajuda, mas seu olhar é cheio de ternura e tocado pela situação toma a atitude e diz: "Não chore".

E revelando esperança diante da situação deixa explícito que não haverá mais motivos para lágrimas e dor. E, tocando no caixão não só chama o menino de volta à vida, como também restaura a situação social, moral e financeira desta mulher e mãe.

Pouco tempo depois Jesus foi para uma cidade chamada Naim. Os seus discípulos e uma grande multidão foram com ele. Quando ele estava chegando perto do portão da cidade, ia saindo um enterro. O defunto era filho único de uma viúva, e muita gente da cidade ia com ela. Quando o Senhor a viu, ficou com muita pena dela e disse:

— Não chore. Então, ele chegou mais perto e tocou no caixão. E os que o estavam carregando pararam. Então, Jesus disse:

— Moço, eu ordeno a você: levante-se! O moço sentou-se no caixão e começou a falar, e Jesus o entregou à mãe. Todos ficaram com muito medo e louvavam a Deus, dizendo:

— Que grande profeta apareceu entre nós! Deus veio salvar o seu povo! Essas notícias a respeito de Jesus se espalharam por todo o país e pelas regiões vizinhas (LUCAS 7: 11-17).

O próprio Deus nos visita e pela graça nos dá uma nova vida. Porém, somos salvos, com um propósito ainda maior, beneficiar o próximo servindo-o.

Mas a misericórdia de Deus é muito grande, e o seu amor por nós é tanto, que, quando estávamos espiritualmente mortos por causa da nossa desobediência, ele nos trouxe para a vida que temos em união com Cristo. Pela graça de Deus vocês são salvos. Por estarmos unidos com Cristo Jesus, Deus nos ressuscitou com ele para reinarmos com ele no mundo celestial. Deus fez isso para mostrar, em todos os tempos do futuro, a imensa grandeza da sua graça, que é nossa por meio do amor que ele nos mostrou por meio de Cristo Jesus. Pois pela graça de Deus vocês são salvos por meio da fé. Isso não vem de vocês, mas é um presente dado por Deus. A salvação não é o resultado dos esforços de vocês; portanto, ninguém pode se orgulhar de tê-la. Pois foi Deus quem nos fez o que somos agora; em nossa união com Cristo Jesus, ele nos criou para que fizéssemos as boas obras que ele já havia preparado para nós (EFÉSIOS 2:4-10).

Certa vez um fariseu chamado Simão convidou Jesus para que fosse jantar em sua casa. Naquele tempo, para participar de uma refeição, especialmente em dia de festa, as pessoas se assentavam em almofadas (colchões), apoiando-se nos cotovelos e por vezes, esticando as pernas para trás. O alimento era servido em mesas baixas.

Durante estes jantares discutiam-se vários assuntos e as portas das casas ficavam abertas, sendo possível e até comum que pessoas estranhas entrassem para ouvir ou participar da discussão.

Nesta ocasião entrou na casa uma mulher de má fama, que levava uma vida desordenada, e sem pensar entrou na casa de homens religiosos, que se achavam mais santos do que os outros.

Ela derramou sobre os pés de Jesus um perfume caríssimo, que comprara com sacrifício, juntando cada vintém que conseguira. Poderia tê-lo dado de presente e ido embora, ou derramado apenas uma parte do conteúdo, mas ela escolheu perfumá-los por inteiro, dar a Ele a única coisa que considerava possuir de valor, preferia vê-Lo envolvido no perfume que era precioso, algo que devesse ser usado em uma ocasião muito especial.

Era esta a melhor forma que encontrara para expressar o seu amor, esperança e gratidão. E Jesus, sendo diferente, não a condenou, por sua vida de erros, não se sentiu desrespeitado por ser abordado por uma mulher, não olhou com superioridade. Porém encantou-se com seu amor, com o perfume que exalava e preenchia aquela sala e fora derramando sobre Ele, só para Ele. O perfume falou por ela, suas notas traziam vida.

Devemos dar a Deus o que temos de melhor, sem nos importarmos com o juízo que os outros farão, mas tão somente com a opinião que o Pai tem sobre nós.

Um fariseu convidou Jesus para jantar. Jesus foi até a casa dele e sentou-se para comer. Naquela cidade morava uma mulher de má fama. Ela soube que Jesus estava jantando na casa do fariseu. Então, pegou um frasco feito de alabastro, cheio de perfume, e ficou aos pés de Jesus, por trás. Ela chorava e as suas lágrimas molhavam os pés dele. Então, ela os enxugou com os seus próprios cabelos.

Ela beijava os pés de Jesus e derramava o perfume neles. Quando o fariseu viu isso, pensou assim: "Se este homem fosse, de fato, um profeta, saberia quem é esta mulher que está tocando nele e a vida de pecado que ela leva.". Jesus então disse ao fariseu:

— Simão! Tenho uma coisa para lhe dizer:

— Fale, Mestre! — Respondeu Simão.

Jesus disse:

— Dois homens tinham uma dívida com um homem que costumava emprestar dinheiro. Um deles devia quinhentas moedas de prata, e o outro, cinquenta, mas nenhum dos dois podia pagar ao homem que havia emprestado. Então, ele perdoou a dívida de cada um. Qual deles vai estimá-lo mais?

— Eu acho que é aquele que foi mais perdoado! — Respondeu Simão.

— Você está certo! — Disse Jesus.

Então, virou-se para a mulher e disse a Simão:

— Você está vendo esta mulher? Quando entrei, você não me ofereceu água para lavar os pés, porém ela os lavou com as suas lágrimas e os enxugou com os seus cabelos.

Você não me beijou quando cheguei; ela, porém, não para de beijar os meus pés desde que entrei. Você não pôs azeite perfumado na minha cabeça, porém ela derramou perfume nos meus pés.

Eu afirmo a você, então, que o grande amor que ela mostrou prova que os seus muitos pecados já foram perdoados. Mas onde pouco é perdoado, pouco amor é mostrado.

Então, Jesus disse à mulher:

— Os seus pecados estão perdoados.

Os que estavam sentados à mesa começaram a perguntar:

— Que homem é esse que até perdoa pecados?

Mas Jesus disse à mulher:

— A sua fé salvou você. Vá em paz.

(LUCAS 7: 36-50)

Precisamos confiar que Deus venceu o mundo. Não nos deter no passado, nem nos preocupar com o futuro, pois o que temos é o hoje de presente.

— Não julguem os outros, e Deus não julgará vocês. Não condenem os outros, e Deus não condenará vocês. Perdoem os outros, e Deus perdoará vocês. Deem aos outros, e Deus dará a vocês. Ele será generoso, e as bênçãos que ele lhes dará serão tantas, que vocês não poderão segurá-las em suas mãos. A mesma medida que vocês usarem para medir os outros Deus usará para medir vocês.

(LUCAS 6: 37-38)

Portanto, ponham em primeiro lugar na sua vida o Reino de Deus e aquilo que Deus quer, e ele lhes dará todas essas coisas. Por isso, não fiquem preocupados com o dia de amanhã, pois o dia de amanhã trará as suas próprias preocupações. Para cada dia bastam as suas próprias dificuldades (MATEUS 6: 33-34).

— Não julguem os outros para vocês não serem julgados por Deus. Porque Deus julgará vocês do mesmo modo que vocês julgarem os outros e usará com vocês a mesma medida que vocês usarem para medir os outros (MATEUS 7:1-2).

NA MEMÓRIA DE DEUS

A memória é a faculdade psíquica através da qual se consegue reter e relembrar o passado. A palavra refere-se à lembrança, recordação que se tem de algo que já tenha ocorrido, e a exposição de fatos, dados ou motivos que dizem respeito a um determinado assunto.

O rei disse a José:

— Eu sou o rei, mas sem a sua licença ninguém poderá fazer nada em toda a terra do Egito.

O rei pôs em José o nome de Zafenate Paneia e lhe deu como esposa Asenate, filha de Potífera, que era sacerdote da cidade de Heliópolis. José tinha trinta anos quando entrou para o serviço do rei do Egito.

Ele saiu da presença do rei e viajou por todo o Egito. Durante os sete anos de fartura a terra produziu cereais em grande quantidade. E José ajuntou todos os cereais e os guardou em armazéns nas cidades, ficando em cada cidade os cereais colhidos nos campos vizinhos. José ajuntou tanto mantimento, que desistiu de pesar, pois não dava mais: parecia a areia da praia do mar.

Antes de começarem os anos de fome, José teve dois filhos com a sua mulher Asenate.

Pôs no primeiro o nome de Manassés e explicou assim: "Deus me fez esquecer todos os meus sofrimentos e toda a família do meu pai.".

No segundo filho pôs o nome de Efraim e disse: "Deus me deu filhos no país onde tenho sofrido".

Então, acabaram-se os sete anos de fartura no Egito, e, como José tinha dito, começaram os sete anos de fome. Nos outros países o povo passava fome, mas em todo o Egito havia o que comer.

(GÊNESIS 41: 44-54)

As injustiças, acusações, perseguições, afrontas, maus tratos e até mesmo a prisão sempre estiveram na memória de José, porém ele nunca permitiu que fizessem morada em seu coração e passados treze anos, agora ele é o governador do Egito.

Diante de tudo que Deus o revelara em sonhos e de sua destacada posição política, sendo organizador e gestor do grande celeiro e frente à grande crise e escassez de alimentos que se abatera sobre as nações, é chegada a hora de José abençoar Israel e reconhecer que o Senhor o enviara na frente para salvar vidas e garantir que haveria descendência, cumprindo o que o Senhor prometeu a Abraão, pois era a partir dali que faria de Israel uma grande nação.

José nos deixa uma lição de obediência, humildade e boa memória, provando que é possível e necessário que venhamos a frutificar mesmo em meio às aflições. Em contrapartida, precisamos considerar o fato de que injustiça e falta de memória caminham juntas e que o orgulho seguido da aflição levam ao desastre.

Deus não é injusto. Ele não esquece o trabalho que vocês fizeram nem o amor que lhe mostraram na ajuda que deram e ainda estão dando aos seus irmãos na fé (HEBREUS 6: 10).

— Nunca esqueçam o Senhor, nosso Deus, e tenham o cuidado de obedecer aos seus mandamentos e às suas leis, que hoje eu estou dando a vocês.

Naquela terra vocês terão toda a comida que quiserem; construirão casas boas, onde morarão; o seu gado e os seus rebanhos aumentarão; vocês ajuntarão mais prata e ouro e terão tudo de sobra.

Então, tomem cuidado para não ficarem orgulhosos e esquecerem o Senhor, nosso Deus, que os tirou do Egito, onde vocês eram escravos.

Ele os levou por aquele enorme e perigoso deserto, cheio de cobras venenosas e de escorpiões, e onde não havia água.

Mas no deserto Deus fez sair água da rocha bruta, para vocês beberem, e lhes deu para comer o maná, uma comida que os seus antepassados não conheciam.

Ele fez tudo isso para humilhá-los e para fazê-los passar por provas a fim de abençoá-los mais tarde.

(DEUTERONÔ0MIO 8: 11-16)

Agora, atentem para o amor incondicional que o Senhor tem por cada um de nós e o cuidado por ele concedido fartamente. Contemple o quanto você é importante para ele.

Escutem! Eu dei a vocês poder para pisar cobras e escorpiões e para, sem sofrer nenhum mal, vencer a força do inimigo. Porém não fiquem alegres porque os espíritos maus lhes obedecem, mas sim porque o nome de cada um de vocês está escrito no céu.

(LUCAS 10: 19-20)

Então, os que temiam o Senhor falaram uns com os outros, e ele escutou com atenção o que estavam dizendo. E na presença dele foram escritos num livro os nomes dos que respeitavam a Deus e o adoravam.

O Senhor Todo-Poderoso diz:

— Eles serão o meu povo. Quando chegar o dia que estou preparando, eles serão o meu próprio povo. Eu terei compaixão deles como um pai tem compaixão do filho que lhe obedece.

E mais uma vez o meu povo verá a diferença entre o que acontece com as pessoas boas e com as más, entre os que me servem e os que não me obedecem.

(MALAQUIAS 3: 16-18)

A partir do momento em que você acolhe Jesus Cristo em seu coração, reconhecendo-o como seu Senhor, estas palavras se cumprem, tornando-se realidade, e o seu nome passará a estar registrado nos céus, no livro de memórias e esculpido nas mãos do nosso Deus, de onde, nada nem ninguém poderá te tirar.

As minhas ovelhas escutam a minha voz; eu as conheço, e elas me seguem. Eu lhes dou a vida eterna, e por isso elas nunca morrerão. Ninguém poderá arrancá-las da minha mão. O poder que o Pai me deu é maior do que tudo, e ninguém pode arrancá-las da mão dele. Eu e o Pai somos um (JOÃO 10: 27-30).

FÉ E ESPERANÇA

A fé é a certeza de que vamos receber as coisas que esperamos e a prova de que existem coisas que não podemos ver. Foi pela fé que as pessoas do passado conseguiram a aprovação de Deus. Pela fé que entendemos que o Universo foi criado pela palavra de Deus e que aquilo que pode ser visto foi feito daquilo que não se vê.

(HEBREUS 11:1-3)

Sem fé ninguém pode agradar a Deus, porque quem vai a ele precisa crer que ele existe e que recompensa os que procuram conhecê-lo melhor (HEBREUS 11:6).

A pessoa que tem fé em Jesus Cristo faz obras extraordinárias, porque entende que é amada por Deus e está certa de que foi perdoada de todos os seus pecados, e tudo quanto fizer será para glorificar a Deus e para ajudar ao próximo.

Quando reconheço que não posso agradar a Deus sozinho e confio em Cristo e em sua obra perfeita, essa fé me torna aceitável e agradável a Deus, capacitando-me para fazer coisas maravilhosas que nunca poderia fazer sem Jesus Cristo.

Eu afirmo a vocês que isto é verdade: quem ouve as minhas palavras e crê naquele que me enviou tem a vida eterna e não será julgado, mas já passou da morte para a vida (JOÃO 5: 24).

Pois foi por meio da esperança que fomos salvos. Mas, se já estamos vendo aquilo que esperamos, então isso não é mais uma esperança. Pois quem é que fica esperando por alguma coisa que está vendo? Porém, se estamos esperando alguma coisa que ainda não podemos ver, então esperamos com paciência (ROMANOS 8: 24-25).

Você já parou para refletir no cenário em que estamos vivendo? Que a palavra do Senhor está se cumprindo?

Tem meditado no sacrifício de Jesus?

Foi por mim, foi por ti, foi por amor, precisamos fazer valer a pena.

Que a sua morte não tenha sido em vão por nenhum de nós. Não tenha medo diante de tudo que se passa, tão somente creia que o Senhor está no controle de tudo.

Será, então, que Deus não vai fazer justiça a favor do seu próprio povo, que grita por socorro dia e noite? Será que ele vai demorar para ajudá-lo? Eu afirmo a vocês que ele julgará a favor do seu povo e fará isso bem depressa. Mas, quando o Filho do Homem vier, será que vai encontrar fé na terra? (LUCAS 18:7-8).

Vocês o amam, mesmo sem o terem visto, e creem nele, mesmo que não o estejam vendo agora. Assim vocês se alegram com uma alegria tão grande e gloriosa, que as palavras não podem descrever. Vocês têm essa alegria porque estão recebendo a sua salvação, que é o resultado da fé que possuem (1 PEDRO 1:8-9).

Agora que fomos aceitos por Deus pela nossa fé nele, temos paz com ele por meio do nosso Senhor Jesus Cristo. Foi Cristo quem nos deu, por meio da nossa fé, esta vida na graça de Deus. E agora continuamos firmes nessa graça e nos alegramos na esperança de participar da glória de Deus (ROMANOS 5:1-2).

Que Deus, que nos dá essa esperança, encha vocês de alegria e de paz, por meio da fé que vocês têm nele, a fim de que a esperança de vocês aumente pelo poder do Espírito Santo! (ROMANOS 15: 13).

O AMOR É O MELHOR CAMINHO

A vida é breve e ao longo dos anos vamos perdendo pessoas próximas e que amamos muito. Porém a lição que fica é que temos o dia de hoje para amar, e isso não deve nos deixar apavorados e receosos com medo de viver ou com medo da morte.

Você não sabe quanto tempo de vida ainda te resta, então fale e demonstre que ama as pessoas à sua volta, ainda hoje. Precisamos amar as pessoas, a família, amar como Jesus nos ensinou.

Não seremos felizes se tivermos tudo o que quisermos, somos felizes porque amamos aquilo que temos e aqueles que estão próximos a nós.

É o amor que dá sentido à vida, ele faz com que todas as coisas que são complicadas e difíceis se tornem mais fáceis.

E nós mesmos conhecemos o amor que Deus tem por nós e cremos nesse amor. Deus é amor. Aquele que vive no amor vive unido com Deus, e Deus vive unido com ele.

Assim o amor em nós é totalmente verdadeiro para que tenhamos coragem no Dia do Juízo, porque a nossa vida neste mundo é como a vida de Cristo.

No amor não há medo; o amor que é totalmente verdadeiro afasta o medo. Portanto, aquele que sente medo não tem no seu coração o amor totalmente verdadeiro, porque o medo mostra que existe castigo. Nós amamos porque Deus nos amou primeiro.

Se alguém diz: "Eu amo a Deus", mas odeia o seu irmão, é mentiroso. Pois ninguém pode amar a Deus, a quem não vê, se não amar o seu irmão, a quem vê. O mandamento que Cristo nos deu é este: quem ama a Deus, que ame também o seu irmão.

(1 JOÃO 4:16-21)

O amor verdadeiro (ágape) abrange todo tipo de pessoa, e isto significa amar inclusive os inimigos, e nos ensina que tudo começa com o amor que Deus tem por nós e que toda boa obra que possamos fazer é fruto deste amor de Deus em Cristo para com cada um de nós.

Porque Deus amou o mundo tanto, que deu o seu único Filho, para que todo aquele que nele crer não morra, mas tenha a vida eterna.

(JOÃO 3: 16)

Muitas vezes nos sentimos rejeitados, não amados e por isso precisamos correr atrás da cura. E a cura de nossas almas se dá através do perdão.

O perdão é mais que um dever, é um direito que nos assemelha a Deus em sua essência.

Deus ao invés de nos condenar, preferiu pagar a nossa dívida para ter o direito de nos perdoar. Quem não perdoa se assemelha ao Diabo (o acusador).

O SENHOR não nos castiga como merecemos, nem nos paga de acordo com os nossos pecados e maldades (SALMO 103:10).

Perdoa as nossas ofensas como também nós perdoamos as pessoas que nos ofenderam (MATEUS 6: 12).

Se eu fosse perdoado por Deus à medida que perdoo ao meu próximo, qual seria o meu destino?

No livro de Gênesis, capítulos 37 e do 39 ao 50, encontramos a história de José que sofreu com a inveja de seus irmãos, com o assédio da mulher de Potifar e com o esquecimento do copeiro de faraó. No entanto, ele escolheu perdoar todas estas pessoas, confiar em Deus, esperar e ter fé. Ele entendeu o propósito de Deus que transformou a sua história de tormento em vitória.

Depois da morte do pai, os irmãos de José disseram:

— *Talvez José tenha ódio de nós e vá se vingar de todo o mal que lhe fizemos. Então, mandaram dizer a José*:

— Antes que o seu pai morresse, ele mandou que pedíssemos a você o seguinte: "Por favor, perdoe a maldade e o pecado dos seus irmãos, que o maltrataram". Portanto, pedimos que perdoe a nossa maldade, pois somos servos do seu pai. Quando recebeu essa mensagem, José chorou. Depois os próprios irmãos vieram, se curvaram diante dele e disseram:

— Aqui estamos; somos seus criados. Mas José respondeu:

— Não tenham medo; eu não posso me colocar no lugar de Deus. É verdade que vocês planejaram aquela maldade contra mim, mas Deus mudou o mal em bem para fazer o que hoje estamos vendo, isto é, salvar a vida de muita gente. Não tenham medo. Eu cuidarei de vocês e dos seus filhos. Assim, ele os acalmou com palavras carinhosas, que tocaram o coração deles (GÊNESIS 50: 15-21).

Eu, porém, vos digo: **AMAI** a vossos inimigos, **BENDIZEI** os que vos maldizem, **FAZEI O BEM** aos que vos odeiam, e **ORAI** pelos que vos maltratam e vos perseguem; para que sejais filhos do vosso pai que está nos céus (MATEUS 5: 44 — Versão Almeida Corrigida Fiel, grifos do autor).

Neste texto bíblico de Mateus (5:44) encontramos as palavras **AMAR, BENDIZER, FAZER O BEM e ORAR**.

Colocamos a seguir os seus significados baseados neste contexto em que foram apresentadas:

AMAR — Ser nascido de novo e o amor do Pai estar em nossa vida, o amor de Deus derramado em nosso coração.

Essa esperança não nos deixa decepcionados, pois Deus derramou o seu amor no nosso coração, por meio do Espírito Santo, que ele nos deu (ROMANOS 5:5).

BENDIZER — Fazer algo de bom por ele, como comprar-lhe um presente de aniversário ou mandar-lhe uma oferta especial (Senhor, não vou deixar que isso me incomode. O que poderei fazer por ele?)

FAZER O BEM — Fazei o bem aos que vos odeiam. Descubra algo que você possa realizar por eles.

ORAR — Pelos que vos maltratam e vos perseguem. Eu sei, seria mais fácil brigar e devolver as ofensas, mas nós precisamos escolher ser amáveis.

Jesus é o nosso exemplo, pois mesmo estando na cruz orou pelas pessoas que o haviam crucificado.

Então, Jesus disse:

— Pai, perdoa esta gente! Eles não sabem o que estão fazendo. Em seguida, tirando a sorte com dados, os soldados repartiram entre si as roupas de Jesus (LUCAS 23: 34).

E Estevão? Enquanto eles atiravam pedras, Estevão chamava Jesus, dizendo:

Senhor Jesus, recebe o meu espírito! Depois, ajoelhou-se e gritou com voz bem forte:

— Senhor, não condenes esta gente por causa deste pecado! E, depois que disse isso, ele morreu (ATOS 7: 59-60).

Isso é uma demonstração de amor por parte de Estevão. As pessoas o estavam matando e ele orava por elas, pedia para Deus perdoá-las.

Não paguem mal com mal, nem ofensa com ofensa. Pelo contrário, paguem a ofensa com uma bênção porque, quando Deus os chamou, ele prometeu dar uma bênção a vocês (1 PEDRO 3:9).

Maior é o amor de Cristo por nós do que o ódio, a cobiça e o egoísmo de pessoas que carregam em si a natureza pecaminosa. Esforcemo-nos para demonstrar a elas compaixão e amor.

Por isso eu afirmo a vocês: quando vocês orarem e pedirem alguma coisa, creiam que já a receberam, e assim tudo lhes será dado. E, quando estiverem orando, perdoem os que os ofenderam, para que o Pai de vocês, que está no céu, perdoe as ofensas de vocês. (Se não perdoarem os outros, o Pai de vocês, que está no céu, também não perdoará as ofensas de vocês) (MARCOS 11: 24-26).

Você não andará no perdão, a menos que aja desta forma. Várias vezes somos tentados a não perdoar, mas precisamos nos recusar a deixar penetrar em nosso coração a menor quantidade de hostilidade, má vontade ou sentimento contrário.

Oremos sempre a Deus pedindo que nos conceda a orientação divina e direção, para que nos use e sejamos um canal de bênção para os outros. Não podemos ignorar estas pessoas ou tratá-las friamente, virando as costas ou dobrando o quarteirão para evitar encontrá-los.

Porque somos dominados pelo amor que Cristo tem por nós, pois reconhecemos que um homem, Jesus Cristo, morreu por todos, o que quer dizer que todos tomam parte na sua morte (2 CORÍNTIOS 5:14).

Precisamos encontrá-los sim, estender-lhes a mão, cumprimentá-los, dizer que nos importamos e que os amamos. É difícil sim, mas Cristo nos ensinou que é possível.

Logo após lavar os pés dos discípulos, inclusive o de Judas Iscariótes, Jesus disse: "*O amor é o melhor caminho*".

Eu lhes dou este novo mandamento: amem uns aos outros. Assim como eu os amei, amem também uns aos outros. Se tiverem amor uns pelos outros, todos saberão que vocês são meus discípulos (JOÃO 13: 34-35).

O AMOR PERFEITO QUE VEM DE DEUS

Quem ama é paciente e bondoso. Quem ama não é ciumento, nem orgulhoso, nem vaidoso. Quem ama não é grosseiro nem egoísta; não fica irritado, nem guarda mágoas. Quem ama não fica alegre quando alguém faz uma coisa errada, mas se alegra quando alguém faz o que é certo. Quem ama nunca desiste, porém suporta tudo com fé, esperança e paciência. O amor é eterno. Existem mensagens espirituais, porém elas durarão pouco. Existe o dom de falar em línguas estranhas, mas acabará logo. Existe o conhecimento, mas também terminará.

(1CORÍNTIOS 13:4-8)

Encontramos nesta passagem bíblica, pelo menos cinco características do **AMOR**.

1. **O AMOR produz um bom caráter.**

Quem ama é paciente e bondoso. Quem ama não é ciumento, nem orgulhoso, nem vaidoso (1 CORÍNTIOS 13:4).

2. **O AMOR é altruísta.**

Quem ama não é grosseiro nem egoísta; não fica irritado, nem guarda mágoas (1 CORÍNTIOS 13:5).

3. **O AMOR é justo, verdade é diferente de injustiça, a mentira causa injustiça. Quem tem AMOR não quer ver injustiça, mas fica feliz quando a verdade prevalece. A verdade liberta.**

Quem ama não fica alegre quando alguém faz uma coisa errada, mas se alegra quando alguém faz o que é certo (1 CORÍNTIOS 13:6).

4. **O AMOR dá força e ajuda a superar todas as dificuldades. O amor é uma fonte de força e esperança.**

Quem ama nunca desiste, porém suporta tudo com fé, esperança e paciência (1 CORÍNTIOS 13:7).

5. **O AMOR nunca acaba, não é um sentimento. O amor é uma escolha, uma decisão. O amor de Deus é eterno e ninguém consegue destruir, todas as coisas podem passar, porém o amor que provém do Senhor permanece para sempre.**

O amor é eterno. Existem mensagens espirituais, porém elas durarão pouco. Existe o dom de falar em línguas estranhas, mas acabará logo. Existe o conhecimento, mas também terminará (1CORÍNTIOS 13:8).

Portanto, agora existem estas três coisas: a fé, a esperança e o amor. Porém a maior delas é o amor (1 CORÍNTIOS 13:13).

E nós mesmos conhecemos o amor que Deus tem por nós e cremos nesse amor. Deus é amor. Aquele que vive no amor vive unido com Deus, e Deus vive unido com ele. Assim o amor em nós é totalmente verdadeiro para que tenhamos coragem no Dia do Juízo, porque a nossa vida neste mundo é como a vida de Cristo. No amor não há medo; o amor que é totalmente verdadeiro afasta o medo. Portanto, aquele que sente medo não tem no seu coração o amor totalmente verdadeiro, porque o medo mostra que existe castigo. Nós amamos porque Deus nos amou primeiro (1 JOÃO 4:16-19).

Não fiquem devendo nada a ninguém. A única dívida que vocês devem ter é a de amar uns aos outros. Quem ama os outros está obedecendo à lei. Os seguintes mandamentos: "Não cometa adultério, não mate, não roube, não cobice" — esses e ainda outros mais são resumidos num mandamento só: "Ame os outros como você ama a você mesmo". Quem ama os outros não faz mal a eles. Portanto, amar é obedecer a toda a lei (ROMANOS 13:8-10).

Louvemos ao Deus e Pai do nosso Senhor Jesus Cristo! Por causa da sua grande misericórdia, ele nos deu uma nova vida pela ressurreição de Jesus Cristo. Por isso o nosso coração está cheio de uma esperança viva. Assim esperamos possuir as ricas bênçãos que Deus guarda para o seu povo. Ele as guarda no céu, onde elas não perdem o valor e não podem se estragar, nem ser destruídas. Essas bênçãos são para vocês que, por meio da fé, são guardados pelo poder de Deus para a salvação que está pronta para ser revelada no fim dos tempos. Alegrem-se por isso, se bem que agora é possível que vocês fiquem tristes por algum tempo, por causa dos muitos tipos de provações que vocês estão sofrendo. Essas provações são para mostrar que a fé que vocês têm é verdadeira. Pois até o ouro, que pode ser destruído, é provado pelo fogo. Da mesma maneira, a fé que vocês têm, que vale muito mais do que o ouro, precisa ser provada para que continue firme. E assim vocês receberão aprovação, glória e honra, no dia em que Jesus Cristo for revelado (1 PEDRO 1:3-7).

Queridos amigos, amemos uns aos outros porque o amor vem de Deus. Quem ama é filho de Deus e conhece a Deus. Quem não ama não o conhece, pois Deus é amor. Foi assim que Deus mostrou o seu amor por nós: ele mandou o seu único Filho ao mundo para que pudéssemos ter vida por meio dele. E o amor é isto: não fomos nós que amamos a Deus, mas foi ele que nos amou e mandou o seu Filho para que, por meio dele, os nossos pecados fossem perdoados. Amigos, se foi assim que Deus nos amou, então nós devemos nos amar uns aos outros (1 JOÃO 4:7-11).

Porque Deus amou o mundo tanto, que deu o seu único Filho, para que todo aquele que nele crer não morra, mas tenha a vida eterna.

(JOÃO 3: 16)

Devemos amar a Deus com todo o nosso coração, com toda a nossa mente e com todas as nossas forças e também devemos amar os outros como amamos a nós mesmos. Pois é melhor obedecer a estes dois mandamentos do que trazer animais para serem queimados no altar e oferecer outros sacrifícios a Deus (MARCOS 12: 33).

Que a vida de vocês seja dominada pelo amor, assim como Cristo nos amou e deu a sua vida por nós, como uma oferta de perfume agradável e como um sacrifício que agrada a Deus! (EFÉSIOS 5:2).

A cruz está vazia. Cristo vive em cada um que deseja a sua presença. A mensagem da cruz é perfeita, pois salva e dá sentido à vida.

E para você que acolheu a mensagem de Deus em seu coração e deseja ser solo fértil e produzir para o Reino e ainda não recebeu Jesus Cristo como seu único e suficiente Salvador e assim o deseja fazer, sinta-se apto para o chamado.

O batismo é apenas a manifestação pública da nossa fé na obra redentora de nosso Senhor Jesus Cristo

Então, ele disse:

— Vão pelo mundo inteiro e anunciem o evangelho a todas as pessoas. Quem crer e for batizado será salvo, mas quem não crer será condenado. Aos que crerem será dado o poder de fazer estes milagres: expulsar demônios pelo poder do meu nome e falar novas línguas; se pegarem em cobras ou beberem algum veneno, não sofrerão nenhum mal; e, quando puserem as mãos sobre os doentes, estes ficarão curados (MARCOS 16: 15-18).